七十二堂写作课

夏丏尊、叶圣陶 教你写文章

夏丏尊　叶圣陶◎著

开明出版社

图书在版编目（CIP）数据

七十二堂写作课：夏丏尊叶圣陶教你写文章 / 夏丏尊，叶圣陶著.—北京：开明出版社，2017.6（2023.2 重印）
ISBN 978-7-5131-3301-2

Ⅰ.①七… Ⅱ.①夏… ②叶… Ⅲ.①中学语文课—初中—教学参考资料 Ⅳ.①G634.303

中国版本图书馆CIP数据核字（2017）第116279号

责任编辑：卓玥
特约编辑：吕征　刘苗苗

书　名：七十二堂写作课
出版人：陈滨滨
著　者：夏丏尊　叶圣陶
出　版：开明出版社（北京市海淀区西三环北路25号青政大厦6层）
印　刷：山东华立印务有限公司
开　本：880mm×1230mm　1/32
印　张：7.25
字　数：143千字
版　次：2017年8月　第一版
印　次：2023年2月　第十五次印刷
定　价：48.00

印刷、装订质量问题，出版社负责调换。联系电话：（010）88817647

序

商金林

1935年至1937年,叶圣陶和夏丏尊本着以"学生"和"学科"为本位的理念,出自要给语文科以"科学性"定位和改革旧的教育方法的考量,精心编撰了一部极具创意的初中语文课本——《国文百八课》。

"这是一部侧重文章形式的书",共六册,每册是十八课,合计共一百零八课,所以叫作《国文百八课》。他们认为文章的知识有一百零八个方面,就将每个知识精心地设计为一课,"每课为一单元,有一定的目标,内含文话、文选、文法或修辞、习问四项,各项打成一片"。文话是编排的纲领,文选配合文话,文法修辞又取材于文选,这样不但让每一课成为一个单元,并且让全书成为一个有机的整体。六册供初级中学三年之用,一个学期用一册;一个星期教一单元,即一篇文话、两篇文选、一篇文法或修辞。《国文百八课》1936年6月起由开明书店陆续出版，原定出六册，因全面抗战爆发，只出了四册，所以我们现在看到的《国文百八课》只有一至四册，共七十二课，第五、六两册未能出版。

《国文百八课》一反常规，自建体系，标新立异，把文选、文法以及作文教学融为一体，改变了文选、文法、作文教学各行其是、互不连络的积弊。当时，有的学校，甲教师教授文选，乙教师讲授文法，甲乙两教师的教材和进程互不通气。甲教师在讲记叙文的性质，而乙教师却在讲议论文的文法；国文教材是小说，作文练习是散文，学生应接不暇，用非所学，结果事倍功半。《国文百八课》每课均以讲授文章理法的文话为主体，按文话之题材而配以范文之文选，再就文选中取例，来阐述文法与修辞，各方面都能够连络。每课都有独自的体系，而全书各课，又按着次序成为一个完整的系统，新颖实用。前有文话，讲述文章理法，后有练习，可以将所学复习检验，用来自修国文，因而被推崇为"比任何国文教本都好"的一部教材。

第一册从"文章面面观"开始，这是这部教材的导论，重在阐释中学国文科的目的最重要的只有两个，"就是阅读的学习和写作的学习"，"这两种学习，彼此的关系很密切，都非从形式的探究着手不可"。接着讲"文言体和语体"，因为"一到中学校，就要兼读文言体的文章了"。讲完文章的分类后，讲应用文、书信和记叙文，着重讲"记述和叙述"、记述的顺序、叙述的顺序、记叙的题材、材料的判别和取舍、叙述的快慢、叙述的倒错、过去的现在化、观点的一致与移动，紧扣的都是应用文和记叙文的"形式"。

第二册侧重讲日记、游记、随笔、记叙文。讲得最深入的是直接经验和间接经验，第一人称、第二人称、第三人称的立足点，以及记叙文中的感情抒发、景物描写和人物描写等。

第三册侧重讲小说、诗歌、散文、报告书、说明文，其中对"说明文"的剖析最为周致。既讲单纯的说明文以及说明和记述、叙述、议论的异同分合，又讲"说明"的方法、对象及抽象的事理、动物的运动、事物的异同、事物间的关系、事物的处理法、说明文的"体式"等。这一册十八篇文话中，有十三篇是讲说明文的。

第四册侧重讲学术文、诗歌、仪式文、宣言、议论文。其中"议论文"分列六课，内容涉及议论文的主旨、立论和驳论、议论文的变裁，以及"议论文"的三种推理方式，即演绎、归纳和辩证。

上个世纪三四十年代，是中小学语文教材繁荣的时代，仅开明书店编写出版的中小学语文教材就多达二十余种。《国文百八课》堪称开明系列精品教材中的范本，至今仍为语文教学界所器重。

叶圣陶和夏丏尊学识渊博，志趣相投，又都以教育为己任，且都在大中小学做过教学工作和管理工作，其教学经验用于撰写语文教学论著可以说是顺理成章、得心应手。二人又同在开明书店共事，合作出版过多本有关写作及语文教学的专著和教材，从现代文章读写的视角，全方位地探索和总结当时语文教学的理论与实践问题。他们将探索和研究的问题贯通起来，加以甄别、精选和深化，系列化地呈现在《国文百八课》中，这七十二篇极易感悟和濡化的"文话"（又叫七十二个"文章的知识"），是真正意义上的"现代文章学"和极具规范意义的"写作指导"。

开明出版社现将七十二篇"文话"抽出来，汇编成这本《七十二堂写作课——夏丏尊、叶圣陶教你写文章》，生动而形象地告诉我们作文是一门科学，贵在创新，但"作文"又有共性，具有共同的规律可循。读者朋友一旦分享了这七十二篇"文话"，写作的思路就会豁然开朗，写作的兴趣和悟性也会得到拓展和升华。

2017年5月5日于北京大学畅春园寓所

目 录
Contents

第 一 讲　文章面面观 / 001
第 二 讲　文言体和语体（一）/ 004
第 三 讲　文言体和语体（二）/ 006
第 四 讲　作者意见的有无 / 009
第 五 讲　文章的分类 / 011
第 六 讲　应用文 / 014
第 七 讲　书信的体式 / 016
第 八 讲　书信与礼仪 / 018
第 九 讲　书信和诸文体 / 020
第 十 讲　记述和叙述 / 022
第十一讲　记述的顺序 / 024
第十二讲　叙述的顺序 / 026

第 十 三 讲　记叙的题材 / 028
第 十 四 讲　材料的判别和取舍 / 030
第 十 五 讲　叙述的快慢 / 032
第 十 六 讲　叙述的倒错 / 034
第 十 七 讲　过去的现在化 / 036
第 十 八 讲　观点的一致与移动 / 039
第 十 九 讲　日记 / 041
第 二 十 讲　游记 / 043
第二十一讲　随笔 / 046
第二十二讲　直接经验和间接经验 / 048
第二十三讲　间接经验的证明 / 050
第二十四讲　第一人称的立脚点 / 052

第二十五讲　第二人称的立脚点 / 054

第二十六讲　第三人称的立脚点 / 056

第二十七讲　叙述的场面 / 058

第二十八讲　事物与心情 / 060

第二十九讲　情感的流露 / 063

第 三 十 讲　抒情的方式 / 065

第三十一讲　情绪与情操 / 068

第三十二讲　记叙与描写 / 071

第三十三讲　印象 / 074

第三十四讲　景物描写 / 076

第三十五讲　人物描写 / 079

第三十六讲　背景 / 082

第三十七讲　记叙文与小说 / 084

第三十八讲　小说的真实性 / 086

第三十九讲　韵文和散文 / 089

第 四 十 讲　诗的本质 / 093

第四十一讲　暗示 / 097

第四十二讲　报告书 / 101

第四十三讲　说明书 / 103

第四十四讲　说明和记述 / 105

第四十五讲　说明和叙述 / 108

第四十六讲　说明和议论 / 110

第四十七讲　说明的方法 / 112

目　录

第四十八讲　类型的事物 / 115

第四十九讲　抽象的事理 / 117

第 五 十 讲　事物的异同 / 119

第五十一讲　事物间的关系 / 121

第五十二讲　事物的处理法 / 123

第五十三讲　话义的诠释 / 125

第五十四讲　独语式和问答式 / 127

第五十五讲　知的文和情的文 / 129

第五十六讲　学术文 / 132

第五十七讲　对话 / 135

第五十八讲　戏剧 / 138

第五十九讲　文章中的会话 / 141

第 六 十 讲　抒情诗 / 144

第六十一讲　叙事诗 / 147

第六十二讲　律诗 / 150

第六十三讲　仪式文（一）/ 152

第六十四讲　仪式文（二）/ 154

第六十五讲　宣言 / 156

第六十六讲　意的文 / 158

第六十七讲　议论文的主旨 / 160

第六十八讲　立论和驳论 / 162

第六十九讲　议论文的变装 / 164

第七十讲　推理方式（一）——演绎 / 166

第七十一讲　推理方式（二）——归纳 / 169

第七十二讲　推理方式（三）——辩证 / 172

附录
本书提到的选文选辑

寄小读者·通讯七　冰心 / 174

三弦　沈尹默 / 178

一个小农家的暮　刘半农 / 179

卢参　朱自清 / 180

五四事件　周予同 / 183

梧桐　李渔 / 186

朋友　巴金 / 187

书叶机　龚自珍 / 190

养蚕　丰子恺 / 192

五月三十一日急雨中　叶圣陶 / 194

先妣事略　归有光 / 197

闲情记趣　沈复 / 199

画家　周作人 / 206

新教师的第一堂课　[日]田山花袋　夏丏尊译 / 208

词四首　李煜 / 211

丛书集成凡例 / 212

图画　蔡元培 / 213

关于《国文百八课》　夏丏尊　叶圣陶 / 215

第一讲
文章面面观

文章是记载世间事物、事理和抒述作者意思、情感的东西。每一篇文章有着内容与形式的两方面，某篇文章记载着什么事物、事理或抒述着什么意思、情感，那事物是什么样子，事理是否真确，意思是否正当，情感是否真挚，又，那些事物、事理或意思、情感对于世间有什么关系，对于我们有什么益处：诸如此类是内容上的探究。同是记载事物、事理或抒述意思、情感，在文章上有多少方式，怎样说起，怎样接说下去，什么地方说得简单，什么地方说得繁复，到末了又怎样收场，以及怎样用词，怎样造句，怎样分段落，怎样定题目、加标点：诸如此类是形式上的探究。

每读一篇文章该作内容的与形式的两种探究。文章的内容包括世间一切，它的来源是实际的生活经验，不但在文章上。至于文章的形式纯是语言、文字的普通法式，除日常的言语以外，最便利的探究材料就是所读的文章。

中学里国文科的目的，说起来很多，可是最重要的目的只有两个，就是阅读的学习和写作的学习。这两种学习，彼此的关系很密切，都非从形式的探究着手不可。

从古到今，文章不知有多少，读也读不尽这许多。取少数的文章来精读，学得文章学上的一切，这才是经济的办法。你读一篇文章的时候，除内容的领受以外，有许多形式上的项目应当留意；对于各个项目能够逐一留意到，结果就会得到文章学的各部门的知识。

一、这篇文章属于哪一类？和哪一篇性质相似或互异？这类文章有什么特性和共通式样？（文章的体制）

二、文章里用着的词类，有否你所未见的或和你所知道的某词大同小异的？（语汇的搜集）

三、文章里词和词或句和句的结合方式有否特别的地方？你能否一一辨认，并且说出所以然的缘故？（文法）

四、文章里对于某一个意思用着怎样的说法？那种说法有什么效力？和别种说法又有什么不同？（修辞）

五、文章里有什么好的部分？好在哪一点？有什么坏的部分？坏在哪一点？（鉴赏与批评）

六、这篇文章和别人所写的同类的东西有什么不同？你

读了起什么感觉？（风格）

七、从开端到结尾有什么脉络可寻？有否前后相关联的部分？哪一部分是主干？哪些部分是旁枝？（章法布局）

别的项目当然还有，以上所举的是最重要的几个，每个项目代表文章的探究的一个方面。能从多方面切实留意，才会得到文章上的真实知识，有益于阅读和写作。

第二讲
文言体[1]和语体（一）

现在我国的文章有文言体和语体两种。小学里读的都是语体文[2]，一到中学校，就要兼读文言体的文章了。

文章本是代替言语的东西，凡是文章，应该就是言语，不过不用声音说出来而用文字写出来罢了；言语以外决不会另有文章。所谓文言，其实就是古代的言语。

言语是会变迁的。古代的人依了当时的言语写成文章，留传下来，后代的人依样模仿，不管言语的变迁不变迁；于是言语自言语，文章自文章，明明是后代人，写文章的时候偏不依当时的言语，定要依古人的言语才算合式。因而就有了文言体。这情形各国从前也曾有过，不但我国如此。

---

1 文言体：文言文。——编者注
2 语体文：以通行的口语写成的文章，又称白话文。——编者注

我国现在行用语体文了，但年数还不长久，从前传下来的书籍都是用文言体写的，社会上有一部分的文章也还沿用着文言体。所以，我们自己尽可以不再写文言体的文章，但为了要阅读一般书籍和其他用文言体写的文章，仍非知道文言体不可。

　　文言体和语体的划分，越到近代越严密，这显然和科举的考试制度有关。古人所写的文章时时流露着当时言语的分子，近代的文章，只要是与科举考试无关的，也常常可以在文言里看出言语的成分来。文言体、语体混合的文章，自古就很多。

　　举一个例说，曲剧里的词曲大都是文言体，而说白却大都是语体，白话的"白"字就是从这里来的。这显然是文言体和语体混合的明证。此外如演义体的小说，如宋元以来的语录，如寻常家书等类的文章，里边都保存着许多言语的原样子。

　　这文言体和语体的混合，可以看作从文言体改革到语体的桥梁。

第三讲
文言体和语体(二)

假如这里有两篇写同一事情的文章,一篇是用语体写的,一篇是用文言体写的,把这两篇文章一句句一字字地对照了看,就容易看出语体和文言体的区别来。

语体和文言体的区别在哪里?不消说在词的用法和句子的构造上。从文言体到语体,词的用法的变迁有下面的几条路径。

一、由简单而繁复 有许多一个字的词,文言体里常常单独用的,语体里却要配上一个字成为两个字的词才用。例如"衣"字,在文言体里可以单用;语体里就要加上一个字,成为"衣服""衣裳"或"衣着"才明白。一个"道"字,在文言体里常常单用的,有时作"道德"解,有时作"道理"解,又有时作"道路"解;语体里就不能这样含糊,道德是"道德",道理是"道理",道路是"道路",要分得清清楚楚。语体用字比文言体繁多些，字所表达的意义比文言体明确些。

二、由繁复而简单　有一些字，在文言体里原有好几种解释，一到了语体里，解释就比较简单起来。例如一个"修"字有许多解释，其中有一个是"高长"；可是语体里只在"修理""修饰"等意思上用到"修"字，"高长"的一部分意思是被除去了。又如"戾"字的解释，有一个是"到"和"及"的意思；语体里的"戾"字，这个解释也没有了。可见同样一个字，在解释上，语体比较文言体简单些。还有，文言体里的代名词是很繁复的，在语体里却很简单。语体里只是一个"我"字，在文言体里就有"吾""我""余""予"等字；语体里只是一个"你"字，在文言体里就有"尔""汝""子""若""而""乃"这许多；文言体里的"是""此""斯""兹"一串的指示代名词，在语体里只须用一个"这个"或"这"就够了。可见在词的范围上，语体比文言体也简单得多。

三、由古语到今语　文言体里所用的词有许多是语体里绝对不用的，这由于古今言语的根本两样。例如文言体里的"曰"，语体里改用"说"了；文言体里的"矣"，语体里改用"了"了。此外，文言体里还有一类的词，如作小马解的"驹"，作小牛解的"犊"，在语体里决不会用到，因为我们日常言语上早已不用这两个词，要么说"牛犊""马驹"，或者爽脆地说"小马""小牛"了。

句的构造的不同，当然有许多方式，最显著的是成分的颠倒。"有这个"在文言体是"有之"，"不曾有这个"却是"未之有也"；"你回上海"是"子归上海"，"你回哪里去"却是"子安归"。这种成分颠倒的例子是常见的，都和代名词的用法有关系。

第四讲
作者意见的有无

凡是文章，都是从作者的笔下写出来的，作者在自己的经验范围以内，对于一事、一物或一理、一情，有话要告诉大家，这才写出文章来代替言语。这样说来，文章里所写的当然都是作者的话了。

可是实际上，我们的说话之中，有许多话是自己说的，有许多话并不是自己说的。例如说："昨晚十二时光景，东街一家木作店起火，延烧了许多房子，到天明才熄。据某人说，损失合计在五万元以上。"又如说："我家有一幅新罗山人的画，画着几株垂柳，柳岸近处泊着一只渔船，一个老渔夫曲着身子睡在船梢，神情安闲得很。"火烧的话是关于事的，一幅画的话是关于物的，这许多话，其实都只是一种报告，只要事、物是真确的，无论叫任何人来说都可得同样的结果。把这些写入文章里，表面上好像句句是作者在说话，但是作者只担任了据实报告的职务，并不曾说出什么属于自己的东西来。假如说："昨晚十二时光景东街一家木作店起火，延烧了许多房子，到天明才熄。据某人说，损失合计在五万元以上。本城消防设备不完全，真可担忧，我们应该大家起来妥筹保障安全的方法才好。""我家有一幅新罗山人的画，画着几株垂柳，柳岸近处泊着一只渔船，一个老渔夫曲着身子睡在船梢，神情安闲得很。近来有许多人都赞美西洋画，我却喜欢这样的中国画，中国画的价值全在诗趣，西洋画在诗趣上和中国画差得很远很远。"这里面就有作者自己的东西了。作者对于火烧，对于画，在报告以外还发表意见，这意见才是真正的作者的话，叫另一个人来说，未必就是这样。因为事物是同一的，而对于事物的意见人人可以不同的缘故。

　　在有些文章里，作者从开始到完结只是报告，自己不加意见，不说一句话。有些文章里，作者在报告以外还附加着意见，说着几句话。我们读文章的时候，要留心哪些是作者的报告，哪些是作者的意见，以及作者在文章里究竟有他自己的意见没有。

第五讲
文章的分类

文章究竟有多少种类，中外古今说法不一。最基本的分类法把文章分为两种，一种是作者自己不说话的文章；一种是作者自己说话的文章。前者普通叫作记叙文；后者普通叫作论说文。

记叙文的目的在把事物的形状或变化写出来传给大家看，叫大家看了文章，犹如亲身经验到的一样。作者用不着表示意见，只须站在旁观的地位，把那事物的形状或变化的所有情形报告明白就好了。

论说文是作者对于事物的评论或对于事理的说明，目的在叫大家信服、理解。作者在报告事物的情形以外，还要附带说述自己的意见。

如果再分得细些，从这两种里把"记"和"叙"、"说"和"论"分开，就成四种：

一、记叙文——记事物的形状、光景。

二、叙述文——叙事物的变化经过。

三、说明文——说明事物和事理。

四、议论文——评论事物，发表主张。

这种分类都不过是大概的说法，指明文章有这几种性质而已。实际上一篇普通的文章往往含有两种以上的性质，或者在记述之外兼有叙述、说明的分子，或者在叙述之外兼有记述、议论的分子，全篇纯是一种性质的文章不能说没有，可是很少见。例如我们听了演说，提起笔来写道："演说台上摆着一张小桌子，桌子上摊着雪白的布，左边陈设个花瓶，满插着草花，右边是水壶和杯子。讲演者×××先生年纪在五十左右，中等身材，眉毛浓浓的，看去似乎是一个饱经世故的人。"这是写事物的形状和光景的，属于记述文。接着说："他先在黑板上写了'中国青年的责任'几个字，就开口演说，从世界大势讲到中国目前的危机，又讲到别国困难时的青年界以及中国青年界的现状，末了归结到青年与国家的关系。……"这是叙事物的变动的，属于叙述文。再接下去，如果说："这场演说很警策，论到我国青年界的现状这一段尤其痛切，我听了非常感动。……"这是议论文。如果再说一点所以感动的理由，那就是说明文了。

每篇文章的性质虽然难得全体一致，但各部分究竟逃不出上面所讲的四种或两种的范围，哪一种成分较多，就属于哪一种。我们平常所谓记述文或叙述文，就是记叙成分较多的文章，所谓说明文或议论文，就是论说成分较多的文章。

第六讲
应用文

　　文章的种类，除了上面所讲过的分为四种（或两种）以外，如果用另外的标准，又可以分为普通文和应用文两种。

　　除了学生在学校里练习的写作以外，凡是文章，都是作者感到有写出的必要才写成的。作者对于一种事物或事理觉得有话要向大家说，而且觉得非说不可，这才提起笔来写文章。在这意义上，可以说一切文章都是应用的，世间断不会有毫无目的漫然写文章的作者。

　　可是另有一种文章是专门应付生活上当前的事务的，写作的情形和普通的文章不同。作者写普通的文章，或者想报告自己的经验，或者想抒述自己的心情，或者想发表自己的意见，原都是有用的，不过究竟要写或不写全是作者的自由，作者面前并没有事务来逼迫着他，使他非应付不可。

我们在实际生活中，为了事务的逼迫而写作文章的时候很多，文人以外的一般人，毕生写作的差不多全是应付事务的文章。我们有事情要向不在眼前的朋友接洽，就得写书信；向别人赁房屋或田地，就得写租契；和别人有法律交涉，就得做状子；和别人合作一桩事业，就得订议约或合同；此外如官吏的批公文、草法规，工商界的写单据、做广告，都是应付当前事务的工作，并非自己有意要写文章，然而不得不写。这种文章特别叫作应用文。对于应用文而言，其余的文章都叫作普通文。

应用文的目的在应付实际事务，有的属于交际方面，有的属于社会约束方面，和我们的实际生活关系很密切，所以都有一定的形式。我们写普通文，不论是记述文、叙述文或是说明文、议论文，都可自由说话，不受刻板的形式的限制；唯有写应用文不能不遵守形式，否则就不合适。普通文以一般的读者为对手，内容比较广泛，所以写作起来比较自由。应用文的对手往往是特定的某一个人或若干人，而内容又多牵涉到实际生活上的事务，写作起来须顾虑到社交上、法律上、经济上的种种关系，所以限制就严密了。

第七讲
书信的体式

应用文中最普通的是书信，别种应用文也许有人可以不写，至于书信，几乎任何人非写不可。有人说："现代的厨子，书信来往比古代的大臣要多。"在现代生活中，我们差不多每天要写书信，书信的繁忙是现代生活的特征之一。

书信的目的在接洽事务，写书信给别人，情形和登门访问面谈要事一样。因此，登门访问时的谈话态度，就可适用于书信。

书信的构造通常可分为三部分：第一部分叫作"前文"，内容是寻常的招呼和寒暄；第二部分是事务，这是书信的最主要的部分；第三部分仍是寒暄和招呼，叫作"后文"。

这三部分的组织是很自然的。我们写书信给别人，目的原为接洽事务，但是不能开端就突然提出事务，事务接洽完毕以后，也不能突然截止，不再讲些别的话。这只要看访问时的谈话情形就可以明白。假如我们想向朋友借书，到他家里去找他谈话，见到的时候，决不能突然说"把×书借给我"；如果是彼此好久不曾看见了，自然会说："××兄，久不见了，你好！"如果是昨天才见过的，就会说："××兄，听说你已入××大学了，功课忙吗？"这些话就相当于前文。以后才谈到借书的事情上去。那位朋友答应借书了，我们也不会拿了书就走，总得说几句话。"今天来吵你，对不起""这本书我借去，过几天亲自来奉还""那么我把书拿去了，再会"，这就是"后文"了。

前文与后文的繁简，因对手的亲疏而不同。从前的书信，往往有前文、后文，很郑重累赘，看了一张八行信笺还不知信中的要事是什么的；近来却流行简单的了。但无论如何简单，一封书信中，三部分的组织是仍旧存在的。

第八讲
书信与礼仪

凡是文章，都假想有读者的，写作的态度和方法因读者的不同而变换。说话也是这样，同是一场演说，对中学生讲和对社会大众讲，内容尽可不变，可是用辞的深浅、引例的难易以及口吻、神情等等都该不一样才对。

书信的读者是限定的特殊的个人，作者自己和这个人的关系，写作的时候须加以注意。写给老朋友的信和写给未曾见面的陌生人的信应该不同，写给长辈的信和写给平辈或下辈的信也应该不同。言语上的一切交际礼仪，在书信中差不多完全适用。

从一方面说，书信比言语更要注意礼仪。因为我们当面对人说话的时候，除了声音以外，还有举动、神情、态度等等帮助。学生拿了书本对先生说："给我解答一个问题！"这明明是命令口气，但那学生如果是鞠着躬用着请求的态度说的，先生听了决不会动气。在书信里就不然了，书信是用文字写成的，除了文字以外没有举动、神情、态度等等帮助，一不小心就失了礼仪，使读者不快。所以"给我解答这个问题"这一句话。在书信里非改作"请给我解答这个问题"不可。历来书信多用敬语，原因就在这上面。

书信里的称呼向来是很复杂的。称对手的有"仁兄大人""阁下""足下""执事""台端""左右"等等，自称的有"愚弟""鄙人""不佞"等等。现在改得简单了，除彼此有特殊称呼的（如母舅和外甥、表兄和表弟、叔叔伯伯和侄等）以外，一般的尊称是"先生"，知友称"兄"，自称是"鄙人"或"弟"。"我"字向来是不常用的，现在不妨用了。"你"字有"你""您"两个，称同辈以上该用"您"，称同辈以下不妨用"你"。

书信通常用请安问好作结，署名下常用"顿首""敬启""拜启""敬上"等字样。这种敬语，在最初也许是表示真实的情意的，流传下来，成了习惯，就是一种礼仪的虚伪了。在可能的范围内，这等地方应该力求简单合理。

书信在文章以外，还有许多事项应该注意，如书写的行款、信笺的折法、信封的写法以及邮票的粘贴方位等等都是。这些事项大概可以依从一般的习惯，而且与文章本身无关，所以这里不多说了。

第八讲　书信与礼仪　｜　019

第九讲
书信和诸文体

书信以应付当前的事务为目的,这所谓事务,范围很广。我们向书店买书是事务,得写信;接受朋友的要求,解释书上的疑难也是事务,也得写信。到了某处,向父母报告行程是事务,得写信;把某处的地方情形、名胜大概和自己近来的感想报告给要好朋友知道,也是事务,也得写信。事务因各人的生活情形而不同。主妇的柴米琐屑和学者的研究讨论,同样是事务。事务的种类五花八门,书信的内容也就非常丰富了。

普通文章的种类,有记述、叙述、说明、议论四种(或记叙、论说二种),书信中各种都有。普通文是以一般人为读者的,指不出读者是谁;如果读者是一定的人(一人或二人以上)的时候,普通文也就成了书信了。

书信和普通文的区别,只在体式上,并不在内容上。书信可以是记叙文，也可以是叙述文，也可以是说明文或议论文。书信如果是写某一件东西或某地方的风景的，就是记述文；如果是述某一件事的经过的，就是叙述文；如果是说述某种理由或是自己对于某事的主张的，就是说明文或议论文。

有些书信只要把书信特有的头尾部分除掉，就是普通的文章，或是游记、地方调查记，或是学问上的说明，或是关于人生及国家大事的议论。古今流传的名文，有许多本是书信，经后人删去头尾，或节取其中的一部分，就成普通文的形式。纯文艺作品如小说之类，用书信体写成的也很多。这就足见书信文范围的广泛和运用的便利了。

书信在应用文中是最基本的一种，也是内容最丰富的一种，它在应用文中和普通文最接近，而且包含着普通文的各种类。所以，书信是值得重视值得好好学习的。

第十讲
记述和叙述

作者自己不表示意见的文章叫作记叙文。再细加分析，可得记述文与叙述文两种。

我们对于外界事物有两种看法，一是从它的光景着眼，一是从它的变化着眼。对于某种事物，说述它的形状怎样，光景怎样，是记述；说述它的变迁怎样，经过情形怎样，是叙述。前者是空间的，静的；后者是时间的，动的。用比喻来说，记述文是静止的照片，叙述文是活动的电影。静止照片所表示的是事物一时的光景，电影所表示的是事物在许多时候中的经过情形。

我们写一个人，如果写他的面貌怎样，穿的是什么衣服，正在做什么事，周围有着什么东西，诸如此类，都关于那个人的一时的光景，是记述；如果写他幼年怎样，求学时代怎样，学校毕业以后先做什么事，后来改做什么事，诸如此类，都关于那个人的一生或某期间的变化，是叙述。我们写一处地方，如果写当时可见到的风景，是记述；如果把那地方历来的状况详细说述，古时叫什么名称，曾经出过多少名人，在某次变乱中遭到怎样的破坏，经过怎样的改革才成现在的样子，这就是叙述了。

前面曾以普通照片比记述，以活动电影比叙述。我们倘若不把那长长的活动电影片放到放映机上去，看起来就是许多张普通的照片。从此说来，叙述其实是许多记述的连续。我们出去游玩，经过某山某水，一一写记，就成一篇游记。这游记从全篇说，是写出游的经过情形的，是叙述；若把其中写某山或某水的一段抽出来说，是写某山或某水的一时的光景的，就是记述了。

记述和叙述的分别原是很明白的，这两种成分常常混合在一篇文章里，纯粹记述或纯粹叙述的文章，实际上并不多见。我们把记述分子较多的叫作记述文，叙述分子较多的叫作叙述文。有些人为简便计，不分记述、叙述，就概括地叫作记叙文。

第十一讲
记述的顺序

记述文是写事物的光景的，事物在空间的一切形状，就是记述文的材料。事物的材料原都摆在我们面前，并不隐藏，可是我们要收得事物的材料，却非注意观察不可。自然界的事物森罗万象，互相混和着，我们要写某事物，先得把某事物从森罗万象中提出来看；又，一件事物，内容性质无限，方面也很多，我们要写这件事物，须把它的纠纷错杂的状况归纳起来，分作几部分来表出。这些都是观察的工夫。

记述文可以说是作者对于某事物观察的结果。观察的顺序就是记述的顺序。

事物在空间，有许多是并无统属的位次，我们随便从哪一方看起从哪一方说起都可以的。例如我们记春日的风景，说"桃红柳绿"，记山水的特色，说"山高月小"，前者先说桃后说柳，后者先说山后说月；如果倒过来说"柳绿桃红""月小山高"，也没有什么不妥当。这因为桃和柳，山和月，在空间是平列的，其间并无统属的关系。

有许多事物是有统属关系的，我们观察的时候要从全体看起，顺次再看各部分，否则就看不明白，说不清楚。例如我们要写述一间房子，必须先写房子的名称、方位、形状等等，然后顺次写客室的陈设、卧室的布置，或厨房中的状况；要写述一株植物，必须先提出那植物的名称和全体的大概，高多少，看去像什么，然后再写干、枝、叶、花、果等等。如果写房子的时候，先写客室的陈设，写植物的时候，先写叶子的形状，或者东说一句，西说一句，毫无秩序，别人就不会明白了。

记述文里所写的是事物的光景，要想把事物的光景明白传出，有两个最重要的条件。一个是着眼在位次，把事物所包含的千头万绪的事项，依照了自然的顺序，分别述说。写植物的时候，把关于干、枝、叶、花、果的许多事项，各集在一处说，说花的地方不说干，说果的地方不说叶。一个是着眼在特点，把事物的重要的某部分详细述说，此外没甚特色的部分就只简略地带过。写房子的时候，如果那房子是学者的住宅，就应该注重书斋的记述，其余如客室、厨房之类不妨从略，因为这些处所并不是特色所在的缘故。在保持事物的自然顺序的范围以内，尽量删除那些无关特色的分子，事物的特色才能格外显出。

顺序不乱、特色明显的，才是好的记述文。

第十二讲
叙述的顺序

叙述文所写的是事物的变化。同样写事物,记述文所写的是事物的光景、状态,叙述文所写的是事物的变迁、经过。如果用水来比喻,记述文是止水,叙述文是流水。

变化、变迁、经过都是关于时间的事,所以时间是叙述文的重要原素。我们叙一个人,说他幼年怎样,长大以后怎样,什么时候死去;叙一件事,说那事怎样开始,后来怎样,结局怎样:都离不开时间,离开了时间就无法叙述。

叙述文是事物在某时间中的经过的记录,时间的顺序,可以说就是叙述的顺序。我们写一天所做的事,必得从早晨写起,顺次写到午前、午后,再写到临睡为止;写旅行的情形,必得从起程写起,什么时候起程,先到什么地方,见到什么,次到什么地方,遇到什么事情,最后从什么地方回来。如果不依时间的顺序，只是颠颠倒倒地写，那就很不自然了。

普通的叙述文，依照时间的顺序来写，大致不会发生错误。时间这东西是无始无终，连续不断的，如果严密地说起来，任何一件细小的事情都和永远的过去、永远的将来有关。所以我们叙述一件事情，须用剪裁的功夫，从无限的时间中，切取与那件事情最有关系的一段，从那件事情开始的时候写起，写到那件事情完毕的时候为止。那前前后后的无大关系的时间，都可以不必放在眼里。

对于切取来的一段时间的各部分，也不必平等看待。我们叙述事物变化、经过，目的在于把特点传出。写一天所做的事，不必刻板地从刷牙齿、吃早饭写起，直到就眠为止，只要把他那天特有的事件叙述明白就够了。写一个人的生活，不必刻板地从他出生、上学写起，直到后来生病、死去为止，只要把那人一生最有特色的几点叙述明白就够了。无关特色的材料越少，特色越能显露出来。这情形和记述文一样，不过记述文是空间的，叙述文是时间的罢了。

第十三讲
记叙的题材

记叙和叙述都是以事物为题材的。一个人每天看到的就很多,听到或想到的更是不计其数,这许多事物是否都是记叙的题材?换句话说,选取题材该凭什么做标准?

文章本和言语一样,写文章给人看,等于对别人谈话。我们对别人谈话,如果老是说一些对手早已知道的东西或事情,那就毫无意义,听的人一定会厌倦起来。对久住在南京的人说中山陵的工程怎样,气象怎样,对同级的学友说学校里上课的情形怎样,都是没有意义的事。

平凡的人人皆知的事物,不能做记叙的题材,实际上,作者也决不会毫无意义地把任何平凡的事物来写成文章的。作者有兴致写某种事物,必然因为那事物值得写给大家看,能使读者感到新奇的意味的缘故。

事物的新奇的意味，可分两方面来说。一是事物本身的不平凡，如远地的景物、风俗，奇巧的制作，国家的大事故，英雄、名人的事迹，复杂的故事等等，这些当然值得写。一是事物本身是平凡的，但是作者对于这平凡的事物却发见了一种新的意味，这也值得写。从来记叙文的题材不外这两种。其实，除应用文以外，一切文章的题材也就是这两种。

本身不平凡的事物，实际不常有，普通人在一生中未必常能碰到。我们日常所经验的无非平凡的事物而已。可是平凡的事物含有无限的方面或内容，如果能好好观察，细细体会，随时可以发掘到新的意味，这新的意味就是文章的题材。从来会写文章的人，可以说，大概是能从平凡的事物里发见新的意味的人。陈旧的男女"恋爱"，人人皆知的"花"和"月"，不知被多少文人利用过，写成了多少的好文章。

新的意味是记叙文的题材的生命。事物的新的意味，要观察、体会才能发见。所以观察、体会的修炼，是作记叙文的基本功夫。

第十四讲
材料的判别和取舍

记叙文的题材是作者认为有新的意味的事物,关于那事物的一切事项,当然都是文章的材料了。一件事物的事项,可以多至无限。所以,材料不愁没有,问题只在怎样判别,怎样取舍。

作者对于某事物自以为发见了某种新的意味了,要写成文章告诉大家,这所谓新的意味,大概可归纳为三种性质:一是某种新的知识,二是某种新的情味,三是某种新的教训。一篇文章之中有时可兼有两种以上的性质。总而言之,记叙文所给与读者的,无非是知识、情味、教训三种东西。如果把记述文和叙述文分开来说,那么记述文所给与读者的普通只有知识、情味两种,不能给与教训。叙述文却三种都有。

材料的判别和取舍,完全要看文章本身的意味如何。文章本身的意味就是决定材料的标准。同是写"月",天文学书里所取的材料和诗歌里所取的材料不同。天文学书里的"月"是知识的，它怎样生成，经过什么变化，直径若干，形状怎样，光度怎样，怎样绕着地球运转，运转的速度若干等等是适当的材料。诗歌里的"月"是情味的，或者说它如"弓"，如"蛾眉"，或者把它当作人，"把酒问月"，说它在那里"窥人"，或者把它的"圆缺"来作离合悲欢的譬喻，所取的完全是和天文学书里不同的材料。同是写岳飞，《宋史》和《精忠传》以及《少年丛书》，材料的性质及轻重也各各不同。《宋史》里写岳飞以历史的知识为主，教训、情味次之；《精忠传》里写岳飞以情味为主，教训、知识次之；《少年丛书》里写岳飞以教训为主，知识、情味次之。意味不同，材料的判别取舍也就不一样。知识上重要的材料，在教训或情味上也许并不重要，或竟是无用的东西；教训或情味上重要的材料，在知识上也许是不正确的或非科学的东西。

依了文章的意味，从题材所包含的事项里选取一群适宜的材料，这是第一步。第二步就得把意味再来分析，同是知识，方面有许多种，同是情味或教训，性质也并不单纯。要辨别得清清楚楚，然后从选好的一群材料里，精选出适切的材料来运用。材料本身有大有小，但写入文章里去，大的并非就是重要的，小的并非就是不重要的。仅只荆棘中的"铜驼"，可以表出国家的灭亡；仅只镜中的"白发"，可以表出衰老的光景。任何微小的事项，只要运用得适合，就会成为很重要的材料。

第十五讲
叙述的快慢

　　叙述文所写的是事物的变化、经过。一件事物先怎样,后来怎样,结果怎样,这里面有着一种流动。事物的变化、经过,是事物本身在时间上的流动,把这流动写记出来,就是叙述文。所以流动是叙述文的特性。

　　事物本身的流动有快有慢,原来不是等速度进行的。写入文章里面,因为要使事件的特色显出,就得把不必要的材料删去,在流动上更分出人为的快慢来。文章里叙述一件事物,往往各部分详略不同,只把力量用在最重要的一段经过上,其余的各段,有的只是一笔表过,但求保存着原因和结果的关系就算,有的竟全然略掉。假如用三千字来写一个人的传记,尽可以费去二千字以上的篇幅写他一生中的某一天,其余长长的几十年,只用几百字来点缀。用五千字来写一篇旅行记,假定所经过的地方有五处,也不必每处平均花一千字,对于重要的地方应该不惜篇幅,详细叙述,不重要的地方,不妨竭力减省字数。同样叙述事物的一段经过,详细地写,流动就慢了,简略地写,流动就快了。

快的叙述,便于报告事件进行的梗概;慢的叙述,便于表现事件进行时的状况。例如写一个人的病死,说"某人因用功过度,久患肺病,医药无效,于×日午后死在××病院里"。这是快的叙述。如果把其中的一段——假定是临死的一段来详写,病人苦痛的光景,家人绝望的神情,医生和看护妇的忙碌,以及那时候特有的病室里的空气,诸如此类,一一写述无遗,这就是慢的叙述。我们从前者只得到事件的梗概,知道某人死的原因、时间和地点;从后者可以知道他死时的实际状况。前者是抽象的,概念的;后者是具体的,特性的。

快的叙述和慢的叙述各有用处,不能说哪一种好,哪一种不好。一篇叙述文里头,什么地方该快,什么地方该慢,这要看文章本身的意味如何而定。总而言之,占中心的重要的部分该慢,不重要的部分该快。快慢就是详略,把不重要的部分略写,重要的部分详写,都是为了想显出特色的缘故。

第十六讲
叙述的倒错

叙述文所写的是事物在某时间中的经过、变化。时间有自然的先后顺序,例如一九三四年之后是一九三五年,过了五月,才到六月,无法叫它错乱。事物的经过、变化也依着时间的顺序。所以依照了时间的先后叙述事物,是最自然最普通的方式。

可是,我们在谈话或写作里叙述一件事的时候,时间倒错的事情是常有的。例如说:"同学××君死了,三天前我到医院里去看他,他还能躺在床上看书呢。他一向很用功,不喜欢运动。去年冬天,因为感冒引起了长期的咳嗽,今年春天就吐起血来。据说,他在十二岁那一年曾有过吐血的毛病的,这次是复发。在家里养了几个月仍旧不见复原,不得已进医院去,结果还是无效。"这一段叙述里面,就有好几处先后倒错的地方,但是我们看了也并不觉得不合理,可见叙述文里把时间倒错是可能的。从来文言文当叙述倒错的时候，常用"初""先是"等辞来表示，在近代小说里，倒错的例子更多。

叙述可以倒错，但倒错的说法究竟是变格，遇必要时才可以用，胡乱的倒错，那是徒乱秩序，毫无效果的。我们叙述一件事，为要使事件的特色显出，必须淘汰无关紧要的闲话。倒错的叙述，无非是淘汰闲文，显出特色的一种方法。一件事情的经过、变化本来有时间的顺序，但是时间这东西是一直连续下来的，而事件的原因也许起在很早的时候，我们写作、谈话时只把其中最重要的一段来叙述，在这一段以前的事项，如果有必要，也非追叙不可。这就用得着倒错的说法了。还有，事件的进行往往有着好几个方面的。儿子在学校寄宿舍里的灯下写家信的时候，母亲正在家里替儿子缝寒衣。要把这情形叙述清楚，就得两面分写。如果说"母亲接到儿子的信的时候，早已把寒衣缝好寄出了。她一个月前自己上城去买了材料来，足足花了三个半夜的工夫才缝成，尺寸还是儿子暑假回来的时候依了校服量定的"，这也是倒错的说法。复杂的事件，关涉的方面很多。往往须分头叙述；因为要减少闲文，不妨把一方面作主，其余的方面作宾，运用着适当的倒错法。

第十七讲
过去的现在化

记述文是看了事物的光景写记的,所写的是作者对于事物的观察、经验,是一时的。叙述文所写的是事物在某期间的经过、变化,这经过、变化大抵是既往的事情,是连续的,过去的。

文章和说话,依照普通的习惯,都须表明时间,过去的用过去的说法,现在的用现在的说法。例如"十二点钟早已敲过了"是过去的说法,"正敲着十二点钟"是现在的说法。叙述文里所说的事都是过去的,照理每句话都该用过去的说法才对。可是实际不是这样,作者所叙述的明明是几年前几十年前几百年前的事,而所用的却是现在的说法,作者和所叙述的事件,仿佛在同一时代似的。例如《水浒》里叙述武松打虎说:"……武松走了一程,酒方发作,焦热起来,一只手提着哨棒,一只手把胸膛前袒开,踉踉跄跄,直奔过乱林来;见一块光挞挞大青石,把那哨棒倚在一边，放翻身体，却待要睡；只见发起一阵狂风。那一阵风过了，只听得乱树背后扑地一声响，跳出一只吊睛白额大虫来。武松见了，叫声'啊呀'，从青石上翻将下来，……"作者施耐庵和武松并不在同一时代，可是他叙述武松的行动，宛如亲眼看见一样，用的大概是现在的说法。对于过去的事用现在的说法来写，不但小说如此，史传也如此。这叫作过去的现在化。

叙述文所以要把过去现在化，不但为了想省去每句的"已""曾""了"等表明过去的字眼，避免重复，实在还有一个很重要的理由。我们写作文章，原是假想有读者，以读者为对象的。叙述文的目的无非要把事物的经过、变化传述给读者知道。人差不多有一种天性，对于过去的决定了的事件，不大感到兴味，对于亲眼看见的事件，常会注意它的进展，以浓厚的兴味去看它的结果如何。把过去现在化，可以使读者忘却所叙述的是几十年几百年几千年以前的事件，而当作现在的事件来追求它的结果，这增加兴味不少。人又有一种自负的心理，凡事喜欢自己占有地位，不愿一味受他人指示。作者如果将自己熟知的过去事件，这样那样如此如彼地向读者絮说，使读者只居听受的地位，并无自己参与的机会，就有损读者的自负心了。旧小说里，作者把明明晓得的结果故意不说出来，每回用"未知以后如何，且听下回分解"来结束，是熟悉读者心理的。过去的事件用现在的笔法叙述，读者读去的时候，就好像和作者同在看一件事的进展，事件的结果的发见，好像不只是由于作者的提示，读者自己也曾

第十七讲　过去的现在化 | 037

有发见的劳力在内。这样,读者的兴味就能增进了。

任何文章,都预想有读者,一切所谓文章的法则,目的无非是便利读者,过去的现在化只是其中的一种而已。

第十八讲
观点的一致与移动

事物有许多部分或方面,一件东西,可以从各部分各方面来记述。例如记述某处风景,所要写的有山、水、树、田野、村落等等,先写什么,后写什么,有先后的推移;同是写山,有形势、地位、冈、麓等等,先写什么,后写什么,也有先后的推移。一件事情,可以从各方面来叙述。例如叙述甲乙二人打架,说:"甲向乙讨债,乙说没有钱,还不出,甲骂乙不守信义,乙也还骂,于是两个人就打拢来了。"这段叙述里,第一句就甲方面说,第二句就乙方面说,第三句再就甲方面说,第四句再就乙方面说,这也是一种推移。所谓推移,换句话说,就是作者观点的移动。作者的眼睛或心意,好比照相机的镜头,是可以任意转动,更换方面的。

作者的观点,在可能范围内,须叫它一致。如果移动得太厉害,那么,在复杂的记述或叙述里面,就会头绪纷乱,弄不清楚。我们记叙某地方的风景,如果一句说山,一句说树,一句说水,下面又是一句山,一句树,一句水,结果山、树、水的事项非常零乱,读去就弄不清头绪了。应该把关于山、树、水的事项各并在一起记述,使观点的移动减少。叙述一件事情,如果那事情像甲乙二人打架的样子,是很简单的,那么东说一句西说一句也许不要紧,但是比较复杂的事件就不能这样了。应该选定一方面为主,将观点放在这方面,随时把其余的方面穿插进去。

记述文是写述光景的,光景都在作者眼前,要使头绪清楚,只有把同类的事项归并了来写,使每段的观点得以统一。叙述文是述经过、变化的,性质比较复杂,同样一件事往往可以用几个观点来写。例如上面的甲乙二人打架的事件,把观点放在甲的方面或者乙的方面都可以叙述的。

"甲向乙讨债,听见乙说'没有钱,还不出',就骂他'不守信义',因为乙也还骂,结果和乙打拢来了。"(观点放在甲的方面)

"乙对向他讨债的甲说'没有钱,还不出',被甲骂说'不守信义',就也还骂,结果和甲打拢来了。"(观点放在乙的方面)

在复杂的叙述文里,一定要把观点放在一方面,强求一致,对于事件的表现也许不方便。例如一个人的心理上的变化经过,在别方面是无法表现的。观点原可以移动,但不要无意义地移动。

第十九讲
日　记

日记是把每天自己的见闻、行事或感想等来写述的东西,性质属于叙述文。凡是文章,都预想有读者;日记是不预借给他人看的(名人所写的日记后来虽被人印出来给大家阅读,但这并非作者当时的本意),所谓读者就是作者自己。因为除自己外没有读者,所以写述非常自由,用不着顾忌什么,于是日记就成为赤裸裸的自传。

日记写作的目的,第一是备查检。某人关于某件事曾于某日来信,自己曾于某日怎样答复他,某日曾下过大雨,某一件东西从何处购得,价若干,钱是从哪里来的,诸如此类的事,只要写上日记,一查便可明白。第二是助修养。我们读历史,可以得到鉴戒。日记是自己的历史,赤裸裸地记着自己的行事,随时检阅,当然可以发觉自己的缺点所在。

日记除了上面所讲的两种功用以外,还可以做练习写作的基础。"多作"原是学习写作的条件之一,日记是每天写的,最适合于这个条件。又,日记除自己以外不预想有读者,写作非常自由;所写的又都是自身的经验,容易写得正确明了。所以一般人都认为记日记是学习写作的切实的手段。

日记的材料是个人每天的见闻、行事或感想。我们日常的生活,普通平板单调的居多,如果一一照样写记,不特不胜其烦,也毫无趣味。日记是叙述文,该用叙述文的选材方法,并且要简洁地写。我们写日记,大概只在临睡前或次日清晨的几分钟,时间有限,写作的方法自不得不力求简洁;把认为值得记入的几件事扼要写记,把平板的例定的事件一律舍去。否则不但会把该记的要事反而漏掉,还会叫你不能保持每天记日记的好习惯。

日记有许多种类。商人的商用日记,医生的诊断日记,主妇的家政日记,和普通的所谓日记目标大异:前者实用分子较重,近乎应用文,后者实用分子较轻,近乎普通文。普通的日记包括事务、感想、趣味等复杂的成分。因了作者的种类,所轻重又有不同:学生的日记中事务分子较少,文人的日记中趣味分子较多,就是一个例子。

第二十讲
游 记

和日记最相近的是游记，有许多游记就是用日记体写成的。游记有两种：一种只记某一名迹或某一园林、寺观，题材比较简单；一种记某一地方、山岳或都市，题材比较阔大。普通所谓游记指前者，旅行记则指后者。

游记之中含有两种成分，就是作者自己的行动和所游境地的光景。游记和日记不同，是预想有读者的文章。读者所想知道的是所游境地的光景，不是作者自己的行动。所以，关于作者自己的行动须写得简略，而关于所游境地的光景须写得详细。如"星期日没有事""几点钟出发""经过什么地方，碰到朋友某君，邀他同去""这日天气很好"之类的话，如果和正文没甚关系，都该省去。

可是从别一方面说，写作者自己的行动是动的，是叙述；写所游境地的光景是静的，是记述。游记在性质上属于叙述文，目的在借文字"引人入胜"，生命全在流动的一点上。死板地去写记所游境地的光景，结果会使流动随时停止，减少趣味。最好的方法是将作者的行动和所游境地的光景合在一处写；这就是说，写作者行动的时候要和境地的光景有关联，写境地的光景的时候也要和作者的行动有关联。从前读过的文章中，属于游记一类的有朱自清氏的《卢参》[1]，冰心氏的《寄小读者·通讯七》[2]有几处也近于记游。现在从这两篇文章各举一处作例。

卢参在瑞士中部，卢参湖的西北角上。出了车站，一眼就看见那汪汪的湖水和屏风般立着的青山，真有一股爽气扑到人的脸上。

——朱自清《卢参》

……出了吴淞口，一天的航程，一望无际尽是粼粼的微波，凉风习习，身如在冰上行。到过了高丽界，海水竟似湖光，蓝极绿极，凝成一片。斜阳的金光，长蛇般自天边直接到栏边人立处。上自穹苍，下至船前的水，自浅红至于深翠，幻成十色，一层层，一片片的漾了开来。

——冰心《寄小读者·通讯七》

---

1 见本书附录。
2 见本书附录。

这里面写所游境地的光景，都是从作者眼中看到或是心上感得的，这就把作者的行动和境地的光景打成一片了。所以读去很觉生动，并不嫌静止呆板。

游记是记述和叙述两种成分揉合的文章，一切记述和叙述的法则，如写述的顺序、要点的把捉等等，都可应用。说明及议论，如非必要，可以不必加入。（《卢参》中关于冰河有许多说明，是恐怕一般读者不知道冰河的情形，所以特加解释，对于读者可以说是必要的。）最要紧的是作者的行动和境地的光景的融合以及流动的持续。

第二十一讲
随　笔

日记和游记都是生活的记述，日记以时日为纲领，游记以地域为纲领，范围都比较有一定。文章中还有写述随时随地的片段的生活的，叫作随笔，或者叫作小品。

随笔的题材，什么都可以做。读书的心得，新奇的见闻，对于事物的感想或意见，生活上所感到的情味等等，无论怎样零碎琐屑，都是随笔的题材。随笔的用途极其广阔，可以叙事，可以抒情，可以状物写景，可以发表议论。至于体式更不拘一格，长短也随意。真是一种极便利自由的文章。

随笔和别的文章的不同：（一）形式上在不必拘泥全篇的结构。一般的文章大概是有结构的，如传记须把人物的各方面按照时间先后大体叙述，游记须把游览的程序和游览的地方顺次写记，随笔却可以只写小小的一片段，不一定要涉及全体。（二）题材上在发端于实际生活。随笔中尽可发抒各种关于政治社会的大意见、关于宇宙人生的大道理，但往往并不预定了题目凭空立说，而只从自己实际生活上出发。例如我们因了自己的生活，也许写一则随笔说到运动的好处，但并不是《运动有益论》，或者说到光阴逝去的迅速，但并不是《惜阴说》。

随笔自古就有人写作，近来尤其流行。古代传下来的随笔很不少，有的记读书心得，有的记随时的见闻。自科举制度废了以后，文章已不以应试为目标，除了有系统的学术文、有韵律的诗歌、有结构的小说或剧本、有定式的应用文以外，一般人所写的差不多都是随笔一类的东西。

绘画里有一种叫作速写，把当前的景物用简略的笔法很快速地描写个大概或其一部分。画家常以这种练习为创作大幅的准备。随笔是文章上的速写；独立地看来，固然自成一体，但同时又可做写作长篇的基本练习。一般人要练习写作，每苦没有可写的材料；随笔是从日常生活出发的东西，只要能在生活方面留心去体察、玩味，就决不至于愁没有材料。所以写随笔和写日记一样，是练习写作的好方法。

一切文章都需要有新鲜味，尤其是随笔。随笔所关涉的是日常生活，日常生活大概是板定的，平凡的，如果写的人自己不感到兴趣，写了出来，也决不会使读者感到兴趣。好的随笔所着眼的常是一向被自己或一般人所忽略的方面。平凡的生活中不知蕴藏着多少新鲜的东西，等待我们自己去发掘。学写随笔的第一步功夫，就是体察、玩味自己的生活，在自己的生活上作种种的发掘。

第二十二讲
直接经验和间接经验

我们记述一件东西或叙述一件事情，所依据的是我们的经验。如果对于那所要记述的东西所要叙述的事情不曾经验过，就无从记述、叙述。照此说来，没有到过某地方的人就不能记述某地方的境况，没有参与过某次战争的人就不能叙述某次战争的情形。

可是，我们的经验有两种，一种是亲自经历得来的，一种是从书本上或旁人口头上得来的；普通所谓"见闻"，就把这两种都包括在内。前者叫作直接经验；后者叫作间接经验。直接经验当然最确实可靠，只是范围较狭；间接经验很广，只是有时不十分确实可靠，须仔细加以辨别。

记述文是可以专用直接经验做依据的。至于叙述文，除叙述自己的事情以外，就非取间接经验不可。记述文所写的是事物的一时的光景，可以亲自去经历。

叙述文所写的是一件事情的经过，有些事情经过很长久，我们无法完全接触到，有些事情的发生和经过远在我们未出世之时，当然更无从去直接经验了。所以间接经验不但可以做文章的材料，而且在一般的文章中，间接经验实在占着大部分。有许多文章，作者所写的就全部是间接经验。

间接经验原非作者亲身的经历，可是作者把它写入文章中去的时候，普通常和直接经验同样处置，也像写自己的经历一般写去，仿佛都是亲眼见过的样子。小说不必说了，连传记也往往这样。这并不是全是作者的卖弄乖巧，实在是有理由的。第一，作者写一件事情或叙一个人物，经验的来处不一。就书本说，有从甲书得来的，有从乙书得来的；就人物说，有从甲的口头上得来的，有从乙的口头得来的。若一一要声明来源，不但不胜其烦，并且必须添出许多闲话，割断了文章的联络。第二，普通读者所希望得到的乃是某一事件、某一人物的整个经过，并不要想知道琐屑的证据，世间尽有注重证据、出处的文章（如年谱及考证文等），但普通的文章是不在此例的。

一篇文章中，作者往往把间接经验和直接经验混合了写，或把间接经验当作直接经验来写。我们读文章的时候，要加以分辨，看出哪些是作者的间接经验，哪些是作者的直接经验。

第二十三讲
间接经验的证明

间接经验可以和直接经验同等看待，写入文章去，但作者为取得读者的信用起见，也有时说明来历，证明他所说的事件是真实的。

原来，间接经验只能知道事件的轮廓，事件的微细部分是无法知道的。例如甲因事入了牢狱，后来死在牢狱里，这是可凭间接经验知道的。可是甲在牢狱里，某一天心中想些什么，乙去探问他时，他见了乙心里觉得怎样，其时乙又觉得怎样……这一些，凭了间接经验，究竟无法知道。又如写战争，甲乙两军于某日在什么地方打仗，甲胜乙败，或者甲败乙胜，死了多少人，这是可由间接经验知道的。至于战场上实际光景怎样，参战的某一个兵士作战的经过怎样，当时他心里愤怒或恐怖到何等程度……凭了间接经验，也无法知道。这还是就作者同时代的事件说的。

那发生在作者未出世以前的事件，当然更渺茫了。

间接经验无法明了事件的微细部分，是很明白的。而作者在叙述文中为要传出真相，使读者领会，往往非凭了想象把事件的微细部分一并写述不可。本来无法明了的事，怎能写述呢？作者对于这一点，通常有两种办法。一是不顾一切，老老实实把间接经验当作自己的直接经验来写。二是在文章中表明经验的由来，说他所叙述的依据着某人的话或某书的记载，有时或仅在文章末尾加一"云"字（这常见于文言文），表示他的话有所依据，并非自己假造。这"云"字在语言是"据说"的意思，非常活动，不必明说这经验从何人或何书得来，总之表示有依据罢了。

在叙述文里，这两种方法都可用。就大体说，注重在趣味的文章如小说，本来应有依据的文章如历史，多用前一法，把间接经验当作直接经验来写述，不加证明——证明了反会减少趣味或价值。至于述奇异的故事，叙可惊可愕的轶闻，恐事件太不寻常，未易取信，就用后一法，把经验的来源说明，使读者相信确有其事。

第二十四讲
第一人称的立脚点

作者可有三种立脚点：（一）第一人称的立脚点；（二）第二人称的立脚点；（三）第三人称的立脚点。

以第一人称为立脚点的文章，作者是从"我"出发的，作者处处把自己露出在文章里。日记、自叙传等写自己的情形的文章固然是从第一人称立脚点写作的，别的种类的文章也可有第一人称的写法。写别人的情形，只要那情形是自己经验过的，不论直接或间接经验，都可从第一人称的立脚点来写。实际上这类的文章是很多的。

从第一人称的立脚点写述，最适宜的不消说是写自己的情形的文章。别人的情形，有许多地方——如心理方面——用第一人称去写，是很难表达的。例如：我们要写一个朋友的病况，如果用"朋友某君病了，我今天去望他……"一类的笔调写去，那位朋友患的什么病，病况大概怎样等等当然是写得出的，至于那位朋友所受到的痛苦，只能从他的呻吟、谈话、神情等看得出的方面作想象猜测的记叙，说些"我看他苦闷得很厉害""他握住了我的手，好像见了亲人似的"一类的话而已。真能表达出那位朋友的痛苦的，可以说只有他自己。他从第一人称的立脚点，写出自己病中的状况来，才会毫无隔膜，直截痛快。因此，小说中为想求描写深切起见，作者常有故意代了小说的主人公用第一人称来写述的事。那时文章中的所谓"我"并非作者自己，是很明白的。

从第一人称的立脚点写文章，全体都须统一，不可把立脚点更动。最该注意的是人和地方的称呼。人和地方的称呼是因了说话的人的立脚点而不同的。例如：张三称张一叫"大哥"，不叫"张一"，可是在李四口里说起来，和张一对面的时候，叫"你"或"张一兄"，不在一处的时候，叫"张一"或"他"了。同是一个地方，因了说话的人立脚点不同，可以叫"这里"，也可以叫"那里"。在普通的文章中，用第一人称写的时候，"我"就是作者自己，对于人和地方的称呼都该和作者的地位一致到底，不得有一点混乱。混乱了就会失却统一，令人不懂。

用第一人称写文章，情形好比一个人用独白的态度讲话，独白可长可短，所以这类文章里面尽可有很长的东西。

第二十五讲
第二人称的立脚点

第一人称的文章好比独白,第二人称的文章好比对话。用第二人称的立脚点写文章,是从"你"(或"君""兄""先生"等尊称)出发的,这所谓"你"就是读者。

这类文章最普通的是书信,其他为特定的对手写的文章像祭文、训辞、祝辞等也属于这一类。第一人称的文章,不论写到如何长,通体可以用同一立脚点,从头到尾由"我"出发,不必更动。第二人称的文章是对话式的,不能只就对手说,有时非更换立脚点不可,因为听者不能和说者或其他的人没有关系。所以第二人称的文章不如别的立脚点的文章的能够统一,长篇文章全体用第二人称写的很少见。又,在表达的程度上,第二人称的文章也颇有不便利的地方。对手的心理情形只好作表面的叙述,无法彻底表达。

第二人称的文章虽非书信，但总得取书信的态度，故应用范围不如别的文章之广。可是近来却常有人应用，甚至应用到小说方面去。这可认为书信文范围的扩充。近来有一些文章，本来应该用第一人称或第三人称写的，却故意用第二人称的写法，随处点出"你"字。例如在对一般人讲卫生的文章里，说"快乐可以使你的健康增进，烦恼可以损坏你的健康"；在叙述某山情形的文章里，说"山上夏期还有积雪，你到最高峰去，六月里也要着棉衣"。这里面的所谓"你"，并不专指某一人而是指一般的人，连"我"也在内。如果把"人"或"我""我们"代人，也没有什么不可以。

我们在古来的诗歌、格言里，常碰到"君不见……"或"劝君……"等的笔调，这也是第二人称的说法，那里面的所谓"君"，往往也是泛指一般人的。可是普通文章里并不常见这情形。近来作者的故意在文章中用"你"，实受着西洋文的影响。西洋文中常有这样的写法。

文章原是以读者为对象的，不拘任何人，当他和文章接触的时候，就是作者的对手了。因此，作者对读者不妨称"你"。这比较泛称"人"来得亲切，用在劝诱文、说明文中很适当。

第二十六讲
第三人称的立脚点

第一人称的立脚点便于写出自己,第二人称的立脚点便于告语特定的对手,都要受到种种的限制。比较自由的是第三人称的立脚点。第三人称的文章是从"他"或那人的真姓名出发的,普通以用真姓名的占多数。如"武松在路上行了几日,来到阳谷县地面。……""这人姓王名冕,在浙江绍兴府诸暨县乡村里住。……"都是用第三人称的立脚点写的文章。

用第三人称的立脚点写文章,作者可取的有两种态度:一是客观的态度,一是全知的态度。

客观的态度是知道什么写什么,看到什么写什么,作者对于所叙述的人物或事件,不说任何想象揣测的话。这适宜于事实的叙述,我们平常所写作的叙述文,都属于这一类。在这种态度之下,一切以作者的直接经验为基础,作者的叙述中如有非直接经验的事项（即间接经验），须说明来历，否则就不相应了。

全知的态度是作者除写一些亲见亲闻的事物以外，更凭着想象的揣测立言，表示他无所不知。在这种态度之下，作者好似全知全能的神，从天上注视下界，一切人物的内心秘密，他无不知道。他不但能知道某一方面的人物的内心秘密，还能同时知道某方面的人物的各种情形。这常应用于小说、历史、传记等。小说一方面写男主人公在外面干什么或想什么，接着就写女主人公这时候正在家里干什么或想什么，历史中叙两军战争的情况，传记中记一个人与他人对话的口吻，这种地方作者如果不取全知的态度，是无法自圆其说的。尤其是在叙述复杂的心理的文章中，作者必须取这态度，才能不受拘束。

用第三人称的立脚点写文章，因为有全知的态度可取，所以非常便利。但须注意，全知的态度适宜于离开作者自己较远的叙述。如果叙述一件目前的事情或一个眼前的人物，漫然地用全知的态度来写，就会到处发生不合理的地方，倒不如取客观的态度的好。

除创作小说外，作者虽用全知的态度叙述事或人物，但大体须有依据。历史、传记都如此：作者从种种方面收得了间接经验，把它综合起来，然后用全知的态度来写成文章，并非一味由自己虚构的。

第二十七讲
叙述的场面

记述文和叙述文都要有一定的观点,观点在某程度内宜一致,必要时不妨移动。这是前面已说过了的。[1]记述文所写的是事物的一时的光景,一件事物现出在作者的眼前,作者对于那事物的各部分,虽顺次移动自己的观点——写记,时间上和空间上都相差不远。至于叙述文是写事物的变化、经过的,一种东西或一件事情的变化、经过,往往牵涉到很多的方面,关系到很久的时日,在时间上、空间上都不像记述文那样简单。

在叙述文中,一段连续的时间和一个特定的空间为一个场面。这一个场面犹之戏剧里的一幕。时间、空间有变动了,就要另换场面。遇到复杂的事情,须要叙述的方面越多,场面也自然

---

[1] 参见本书第十八讲。

越要更换得多。

但所谓叙述，并非完全是事件的依样抄录。对于一件事情的经过，倘若一一要把各方面的情形分头改换了场面来写，遇到复杂的事情，那就不胜其烦了。这时候须用剪裁的工夫，选定几个主要的场面，其余的零星事项，如果不是必要的就舍去，如果是必要的就穿插在别的场面里，不叫它独占一个场面。戏剧中有所谓独幕剧的，只是一个场面，靠着剧中人的说话和表演，能把过去种种复杂的经过情形表达明白，效力和把全体事件演出一样。足见场面是可以因了剪裁的技巧而减少的。叙述一件事情，各关系方面的情形往往须交代明白，原不必一定要像作独幕剧的样子，把场面限到一个。但必须用剪裁的工夫，把场面严密选择，省去那些不必要的场面。选择场面的标准有二：一要看事件的全经过中，哪些是主要部分；二要看有关系的人物中，哪几个是主要人物。把场面配在事件的主要部分和主要人物上，就不致大错了。

文章遇到改换场面的时候，必须交代清楚，否则就难叫读者明了。戏剧中换场面的时候，是用闭幕的办法的。文章中换场面的表示法有两种：一是分段另写；一是用一句话来点明，如"武松在路上行了几日，来到阳谷县地面""王冕自此在秦家放牛"之类。前者常用以表示大段落，犹之戏剧中闭幕分隔，是近来流行的方法。后者常用以表示小段落，从前的人写文章，连写下去，不分段落，这方法尤常见。

第二十八讲
事物与心情

以前曾经说过，在有些文章里，作者从开始到完结只是报告，自己不加意见，不说一句话。在另外一些文章里，作者除报告以外还附加着意见，说着几句话。前者就是记叙文；后者就是论说文。

照这样说，好像记叙文完全是照抄客观的事物，作者自己没有一点主观的东西在里头了。其实并不然。试取同一题材教两个作者去记叙，依理说，大家都是照抄，写成的文章应该彼此相同。但是实验的结果却往往彼此互异——学校里逢到作文课，几十个同学写同一题材的记叙文，写成之后彼此调看，竟难看到完全相同的两篇：这不是大家都有的经验吗？为什么会彼此互异？第一，记叙的顺序不同，写成的文章就互异了。第二，对于材料的取舍，各人未必一致，因此，写成的文章就互异了。第三，对于同一材料，各人又有各人的看法，看法不一样，写成的文章也就互异了。以上第一项是属于技术方面的事；第二、第三两项都源于作者的心情，心情是所谓主观方面的东西。客观的事物呈现在作者的面前，作者把主观的心情照射上去，然后写述出来。这虽不是发表什么意见，却也和呆板地照抄不同。正惟如此，所以两个作者记叙同一的题材，写成的文章总是彼此互异的。

如果用照相的事情来比况，这个道理将更见明白。照相，通常都认为是照抄客观事物的一种手段。但是，对于同一的事物，几个照相家可以照成各不相同的相片。甲把焦点放在事物的这一部分；乙把焦点放在事物的那一部分；丙呢，把光线弄得柔和一点，他以为这样才能显出那事物的神情；丁却把光线弄得非常强烈，他以为非如此不足以显出那事物的精彩。冲洗出来的结果，四张照片各不相同，那是不消说的。所要说的是四个照相家定焦点、采光线为什么会不同。这就由于他们心情不同的缘故，说得详细一点，就是他们主观的心情不同，所以对于客观的事物所感到的意趣也不同，他们各凭自己的意趣来照相，成绩自然互异了。被认为照抄客观事物的照相尚且如此，记叙文常和心情有关也就可想而知。

生性缜密的人常欢喜写事物的优美的部分；生性阔大的人常欢喜写事物的壮伟的部分；一个闲适的人听了烦嚣的蝉声也会说它寂静；一个忧愁的人看了娇艳的春花也会感到凄凉。事物还是客观的事物，一经主观的心情照射上去，所现出来的就花样繁

第二十八讲 事物与心情 | 061

多了。

  通常的记叙文记叙事物，大多印上了作者的心情，不过程度有深浅罢了。唯有教科书、章程、契据等等的文章，才可以说只叙述事物而无所谓作者的心情。这因为这类文章有限定的范围，无论由谁来写，所写的总是这一套东西，作者的心情是掺杂不进去的。

第二十九讲
情感的流露

一般的记叙文记叙事物,多少印上一点作者的心情,前面已经说过了。有一种记叙文,作者所以要写作的缘由并不在记叙他所写的事物,却在发抒他胸中的一段感情;感情不能凭空发抒,必须依托着事物,所以他用记叙事物的手段来达到发抒感情的目的,像这样的记叙文特称为抒情文。抒情文和记叙文同样是记叙事物的文章;但前者以感情为中心,一切记叙都和中心相呼应,后者只以事物为中心,事物以外不再照顾到什么。这是二者的分别。

所谓感情,无非喜、怒、哀、乐等等。当我们遇到了可悲可喜的事物,喜或悲的感情被引起来了,如果是一个儿独处在那里,本来也没有什么可说,至多发出一两个欢喜的或者悲哀的感叹词罢了。但是要把这一段感情写入文章,情形就不相同。写到文章，就得预想有读者，在读者面前单只写下几个感叹词，谁能知道你所怀的是什么感情呢？你得把引起你的感情的事物记叙明白，教读者也具有你所有的经验，才能使读者知道并且感到你所怀的感情。能使读者知道并且感到，这才算真个把感情发抒了出来；否则只是郁而不宣，独感而没有传达给人家，虽然自以为写了抒情文，实际却等于没有写。

一组球员去和人家赛球，得胜回校，心里一团高兴，要把他们的快乐分给没有去参观的同学享受；他们就得把球场上的情形详细说述，怎样怎样，结果胜了三球。同学们听了，好像眼见了当时的情形，也就高兴非凡，不觉拍手欢呼起来。又如妇人家在家里受了丈夫的气，满腔冤抑，要向邻居倾泄一番；她就得把受气的经过详细说述，为了什么什么，她才受到这难堪的冤抑。邻居听了，设身处地地着想，觉得她的确可怜，于是对她抱同情，用好言好语安慰她。从以上二个日常生活中的实例看来，更可以明白抒情必须依托着事物的道理。再退一步，假定并不详细说述，但是在前一例里，至少要说："我们胜了三球！"在后一例里，至少要说："今天受了丈夫的责骂！"而这两句话写入文章里也就是叙述文了。

抒情文的材料的取舍以能否发抒感情为标准，大概使作者自己深深感动的事物都是适用的材料。依照着感情的情形记叙或者叙述，作者的感情就从这里头流露出来了。

第三十讲
抒情的方式

抒情大概有两种方式：一种是明显的；又一种是含蓄的。作者在记叙事物之后，情不自禁，附带写一些"快活极了""好不悲伤啊"一类的话，教人一望而知作者在那里发抒他的感情，这是明显的方式。作者在记叙了事物之后，不再多说别的话，但读者只要能够吟味作者的记叙，也就会领悟作者所要发抒的感情，这是含蓄的方式。

我们试取归有光的文章作为例子。归有光作《先妣事略》[1]，琐琐屑屑叙述了一些关于他的母亲的事情，末了说："世乃有无母之人，天乎痛哉！"这明明是感情极端激动时所说的话。不然，若就母亲生子的关系说，世界上哪一个人没有母亲？若就

---

[1] 见本书附录。

母亲死了以后的时期说，哪一个人死了母亲还会有母亲？"世乃有无母之人"岂不是一句毫无意义的话？唯其在感情极端激动的时候，才会有这种痴绝的想头；就把这痴绝的想头写出来，更号呼着天诉说自己的哀痛，才见得怀念母亲的感情尤其切挚。这是明显的抒情方式的例子。再看《项脊轩志》，归有光在跋尾里叙述了他的夫人和项脊轩的关系，末了说："庭有枇杷树，吾妻死之年所手植也，今已亭亭如盖矣。"骤然看去，这一句只是记叙庭中的那棵枇杷树罢了，但是仔细吟味起来，这里头有人亡物在的感慨，有死者渺远的怅惘，意味很是深长。如果那棵枇杷树不是他夫人死的那一年所种下的，虽然"今已亭亭如盖"，也只是无用的材料，就不会被写入文章里了。这是含蓄的抒情方式的例子。

以上所说两种方式并没有优劣的分别，采用哪一种，全凭作者的自由。不过，如果采用明显的方式而只写一两句感情激动的话，如作《先妣事略》只说："世乃有无母之人，天乎痛哉！"而前面并没有琐屑的叙述，那是没有用的，因为人家不能明白你为什么要说这种痴绝的话。如果采用含蓄的方式，而所取的材料与发抒的感情没有关系，如作《项脊轩志》的跋尾而说起庭中的几丛小草，那也是没有效果的，因为人家从这几丛小草上吟味不出什么来。所以，选取适宜的事物，好好地着笔记叙，无论采用哪一种方式都是必要的。

从情味说，两种方式却有点儿不同，明显方式比较强烈，好像一阵急风猛雨，逼得读者没有法子不立刻感受。含蓄的方式比较柔和，好像风中的柳丝或者月光下的池塘，读者要慢慢地凝想，才能辨出它的情味来。

还有一层，作者在一篇抒情文里头兼用着两种方式也是常见的事。

第三十一讲
情绪与情操

所谓喜、怒、哀、乐等等感情，虽然有强烈的差别，如喜有轻喜和狂喜，怒有微怒和大怒，但总之是显然可辨的，狂喜和大怒固然人己共觉，轻喜和微怒也决不会绝不自知。这种感情在我们心里激荡的时候，好比江河里涌来了潮水；等到激荡的力量消退了，心境就仍旧回复到平静。通常把这种显然可辨的、渐归消退的感情叫作情绪。

另外有一种强度很低的感情，低到连自己都不觉得，但比较持久，也许终身以之。这种感情通常叫作情操。例如虔敬是一种宗教方面的情操，清高是一种道德方面的情操，具有这种情操的人全部生活都被浸渍着，但自己并不觉得。（如果自己觉得，那就不是真正的虔敬和清高了。）

发抒情绪的文章无论用明显的或者含蓄的方式，总之有句语可以指出；换一句说，一篇文章里哪些句语是作者在那里发抒情绪，读者一望而知。至于情操，既是不自觉的，在文章里当然只从无意之间流露出来；要确切地指出哪些句语是作者在那里表现情操，往往不可能。我们只能说某一篇文章表现某一种情操，因为情操成为一种基本调子，渗透在全篇文章里头了。譬如一个宗教信徒写一篇文章，他的每一句话自然而然说得非常虔敬，他采选一些特殊的字眼，他运用一些不是他人常说的句语，使读者看了，也感到一种虔敬的气氛：我们就说他这篇文章表现了虔敬的情操。

我们看沈复的《闲情记趣》[1]，文中讲到观玩小动物，讲到花卉的栽培和插供，讲到布置居室，讲到随时的游乐，琐琐屑屑，事物很多，可是随处有一种闲适的情操从字里行间流露出来，所以这一篇的基本调子可以说就是闲适。这个话好像有点玄虚，仔细想去，却很着实。试想，把蚊虫比作飞鹤，把喷烟比作青云，让蚊虫"冲烟飞鸣，作青云白鹤观"；又就小盆景夫妻两个共同品题，"此处宜设水阁，此处宜立茅亭，此处宜凿六字曰'落花流水之间'，此可以居，此可以钓，此可以眺，胸中邱壑若将移居者然"。若不是生活态度极端闲适，哪里来这种入微入幻的想头？故而记叙这些事物的处所就是流露情操的处所。我们也可以说，因为作者有一种闲适的情操，才会有《闲情记趣》那样的一

---

1 见本书附录。

篇文章。

对于古昔的人物和事迹，我们往往有一种怀念的心情，这种心情和怀念一个相好的朋友并不相同；对于生死无常，我们往往有一种惆怅的心情，这种心情却说不上悲伤或是哀愁；当面对着高山或是大川的时候，我们总会起一种壮伟之感；当想到了时间的悠久和空间的广大的时候，我们总会起一种杳渺之思。这些都是情操而不是情绪。把这些作为基本调子，古往今来产生了不少的好文章。

第三十二讲
记叙与描写

记叙文是作者就了现成的事物报告给读者知道,除了报告以外,不用再说什么。这在前面屡次说到了。但同样是报告,却有详略的不同,生动和呆板的差异。告诉人家说"我遇见了张三,他穿着一身新衣服",这不能说不是报告,然而简略、呆板极了。在这样告诉人家已经足够了的时候,当然不必多费唇舌,再加说什么。可是有些时候,这样告诉人家还嫌不够;遇见张三的时候,彼此的神态怎样,张三穿着新衣服,他的仪表怎样,他的一身新衣服,色彩、制作等等又怎样,必须把这些都告诉大家,才觉得惬意。把这些告诉人家,自然比较详密得多;而且很生动,可使对手的听者或是读者想见种种的光景,好像当时就站在旁边一样。

详密的、生动的报告固然也是记叙,只因要与简略的、呆板的报告有一点分别起见，所以特称为描写。描写只是记叙的精深一步的工夫。描写的对象也是事物，离开了事物就无所谓描写，这是不待细说的。

我们不妨把图画作为比喻。通常的记叙文好像用器画[1]。看了用器画，可以知道事物的轮廓和解剖，但并不能引起对于那事物的实感。描写文章好像自在画[2]。自在画也注意到事物的轮廓和解剖，但不仅如此，还得加上烘托或者设色等的手法；而且，用笔的疏密也经过作者的斟酌，在有些部分只用简单的几笔，而在另外的一些部分又不惮繁复地渲染。看了自在画，不单知道轮廓和解剖而已，还能见到那事物的意趣和神采，这就因为引起了实感的缘故。

描写一语本来是从绘画上来的。写作的人把文字作为彩色，使用着绘画的手法，记叙他所选定的事物，使它逼真，使它传神。这就是写作上的描写。

描写的最粗浅的方式是使用形容词语和副词语。如"小汗粒"而加上"微细到分辨不清的油一般的"的形容词短语，就把小汗粒的形和性描写出来了；说"赤露的胳膊向下垂着"而加上"软软地"的副词，就把身体困倦的情状描写出来了。此外方式很多，且待以后再说。

现在要说的是即使是最粗浅的方式也靠作者的经验。作者如

---

1 用器画：器械制图，器械画，几何画。——编者注
2 自在画：素描、水彩画、油画、图案画。——编者注

果不曾观察过小汗粒,不曾体会过汗和油的相似,不曾感觉过有骨有肉的胳膊有时竟会"软软地",又哪里来这形容词短语和副词呢?没有经验写不来文章;仅有微少的经验只能作简略、呆板的记叙;必须有广博的经验才能作详密、生动的描写。

第三十三讲
印　象

描写事物,目的在逼真与传神,所以最要紧的是捉住印象。什么叫作"印象"呢?这本是心理学上的一个名词,解释也不止一种。最普通的解释,就是从外界事物所受到的感觉形象,深印在我们脑里的。譬如我们第一次遇见一个人,感觉到他状貌、举止上的一些特点,这些特点就是他给我们的印象。又如我们去参加群众聚集的大会,感觉群众的激昂情绪好像海潮一般汹涌,火山一般喷发,那么"仿佛海潮和火山"就是群众大会给我们的印象。我们除非不与外界事物接触;只要接触,印象是不会没有的。不过单只是有还不够;我们如果要告诉人家,非用适当的语言、文字把印象表达出来不可。表达得没有错误,而且不多也不少,才能使人家听了语言、看了文字之后也会得到同样的印象,虽然他们并不曾直接经验那些事物。像这样,就是所谓捉住印象了。

我们看《画家》[1]这一首诗。其中一节有"车外整天的秋雨，靠窗望见许多圆笠"的话。照实际说，应该是望见许多戴着圆笠的农人，但这样说就不足以表现当时的印象了。当时印象最鲜明的是许多圆笠，就说"望见许多圆笠"，这才是捉住印象的办法。又如通常纪行之作，往往说前面的树木或者山峰"迎人而来"。照实际说，应该是自己向着树木或者山峰前去。但当时的印象并不觉得自己前去，只觉对象迎来，于是就说它"迎人而来"。这也是捉住印象的办法，从这里可以看出所谓捉住印象就是保留那印象的原样。

印象有简有繁，有含混有明晰。所以，有的时候只须一个名词、一个形容词、一个副词用得适当，就能把印象的原样保留；而有的时候却非用长段巨篇的文字不可。从前人的词句如"红杏枝头春意闹""云破月来花弄影"，只须一个"闹"字一个"弄"字，就把作者的印象表达出来，使这二句成为描写景物的佳句。但在长篇小说里，一个人物的描写往往须占几章的甚至全部的篇幅；这因为作者对于他所创造的人物印象极繁富，非从多方面表达，就不足以保留那印象的全体的缘故。

描写事物在能捉住印象。收得印象在于平日多所经验。从经验中收得印象，把印象化为文字，这是作者方面的事。从文字中收得印象，因而增加自己的经验，这是读者方面的事。

---

1 见本书附录。

第三十四讲
景物描写

凡是我们所经验的事物,都可以供我们描写。其中尤其重要的是景物和人物:因为景物环绕着我们,常常影响到我们的情思和行动;人物是一切事物的发动者,没有人物也就不会有事情。现在我们说到描写,就把景物和人物两项特别讲述。

看到"景物"两字,往往联想到山明水秀、风景佳胜的所在;又好像这两字所指的纯属自然界方面,人为的一切环境都不在其内。但我们这里并不取这样的狭义。我们把环绕着我们的境界都称为景物,自然的山水固然是景物,人为的房屋和市街也莫非景物。这当然不专指美丽的、赏心的而言,就是丑恶的、恼人的也包括在内。

描写景物,第一要选定自己的观点。或者是始终固定的,就好比照相家站定在一个地位,向四周的景物拍许多照片;或者是逐渐移动的，就好比照相家步步前进，随时向周围的景物拍几张照片。观点不同，对于景物的方位、物像的形态、光线的明暗等等都有关系。我们如果对着实际的景物动笔，这一些项目只要抬起头来看就可以知道，自然不成问题。但在凭着以往的经验写作的时候，如游历归来以后写作游记，这些项目就不能一看而知；倘若不在记忆中选定自己的观点，往往会弄到方位不明，形态失真，明暗无准；那就离开描写两字很远了。

第二要捉住自己的印象。说得明白一点，就是眼睛怎样看见就怎样写，耳朵怎样听见就怎样写，内心怎样感念就怎样写。"月光如流水一般，静静地泻在一片叶子和花上"，把视觉的印象捉住了；"轻轻地推门进去，什么声息也没有"，把听觉的印象捉住了；"这一片天地好像是我的；我也像超出了平常的自己，到了另一个世界里"，把意识界的印象捉住了。因为捉得住印象，能够把自己和景物接触时候的光景表达出来，所以这几句都是很好的描写。反过来想，就可以知道凡不注意自己和景物接触时候的光景，捉不住什么印象，而只把一些概念写入文章中去，那决不是好的描写。如庸俗的新闻记者记述任何会场的情景，总说"到者数百人，某某某某登台演说，发挥颇为详尽"；又如不肯多用一点心思的学生，你叫他描写春景，他提起笔来总是"山明水秀，柳绿桃红"。"到者数百人……"只是新闻记者平时对于会场的概念，"山明水秀……"只是学生平时对于春景的概念，其中并没有当时的印象，所以不能把会场的空气和春景的神态描写出来。

还有一层应该知道,就是描写虽然可以用形容词和副词,但不能专靠着形容词和副词。像"美丽""高大"等形容词,"非常""异样"等副词,如果取供描写之用,效果是很有限的;因为这些词并不具体,你就是用上一串的"美丽"或"非常",人家也无从得到实感。有时候不用一个形容词或副词来描写,只说一句极简单的话,但因为说得具体,却使人家恍如亲历。如不说"寂静"而说"什么声息也没有",就是一个例子。——描写须要具体,不独对于景物,对于其他也如此。

第三十五讲
人物描写

人物描写可以分外面、内面两部分来说。外面指见于外的一切而言，内面指不可见的心理状态而言。

外面描写包含着状貌、服装、表情、动作、言语、行为、事业等等的描写。我们在写一篇描写人物的文章的时候，对于这许多项目决不能漫无选择，把所有见到的都写了进去。我们总得拣印象最深的来写。状貌方面的某几点是其人的特点；服装方面的某几点足以表示其人的风度；在某一种情境中，哪一些表情和动作、哪几句言语正显出其人的品格；在一段或者全部生活中，哪一些行为和事业足以代表其人的生平。捉住了这些写出来，就不是和甲和乙都差不多的一个人，而是活泼生动的某一个人了。

这些项目不一定要全写，没有什么可写当然不写，有可写而不很关重要，也就可写可不写。有一些文章单把某人的几句言语记下，或者单把某人的一些表情和动作捉住，也能够描写出一个活泼生动的人来。如果写到的有许多项目，那么错综地写大概比分开来写来得好。如写表情、动作兼写状貌、服装，写行为、事业兼写言语，读者就不觉得是作者在那里描写，只觉得自己正与文中的主人公对面。如果分开来写，说其人的状貌怎样，服装怎样……读者的这种浑成之感就无从引起，自然会清楚地觉得是作者在那里告诉他一些什么了。

内面描写就是所谓心理描写。心理和表现于外的一切实在是分不开来的：表现于外的一切都根源于内面的心理。他人内面的心理无从知道，我们只能知道自己内面的心理。但我们可以从自身省察，知道内面和外面的关系。根据了这一点，我们看了他人的外面，也就可以推知他的内面。那些用第三人称的文章，描写甲的心理怎样，乙的心理怎样，甲和乙真个把自己的心理告诉过作者吗？并没有的，也不过作者从自身省察，因而推知甲和乙的内面罢了。

人物的心理描写既以作者的自身省察为根据，所以省察工夫欠缺的人难得有很好的心理描写。省察的时候能像生物学者解剖生物一般，把某一种心理过程分析清楚，知道它的因果和关键，然后具体地写出来（描写总须要具体，前面已经说过了），那一定是水平线以上的心理描写。

心理描写有时候就借用外面描写；换一句说，就是单就文字看，固然是外面描写，但仔细吟味起来，那些外面描写即所以描写其人的心理。如《背影》里的"扑扑衣上的泥土，心里很轻松似的。过一会说，'我走了，到那边来信！'……他走了几步，回过头看见我，说，'进去吧，里边没人'"，就是一个例子。这几句都是外面描写，可是把一位父亲舍不得和儿子分别的心理完全描写出来了。

第三十六讲
背　景

在抒情的、描写人物或事件的文章里，往往把周围的境界，如室内情形、市街情形、郊野情形、自然现象、时令特色等等，或简或繁地描写进去。这些项目统称为背景。这名称是从戏剧方面来的。舞台的后方张着画幅，或是山水，或是门窗，总之和剧情相称；演员在画幅前面演戏，就像背着山水或门窗一样。这就是背景。文章里描写周围的境界，犹如舞台上布置一幅相称的背景；靠着这背景，文章里的主人公（好比演员）的一言一动一颦一笑更见得生动有致。舞台上不能用和剧情不相称的背景，文章里不需要和主人公无关的境界的描写，那都是当然的。

那么，怎样才相称才有关呢？回答很简单：凡是具有衬托的作用的就相称就有关，否则就不相称就无关。画家有"烘云托月"的说法。月亮很不容易画，用线条画一个圆圈或是一个半圆，未必能显出月亮的神采来；所以给烘上一些云，在云中间留出一个圆形或是半圆形，比较单用线条钩成的月亮有意味得多了。这一些云对于月亮就具有衬托的作用。

描写背景的例子可以举元人马致远的一首《秋思》（《天净沙》）小令："枯藤老树昏鸦，小桥流水人家，古道西风瘦马，夕阳西下，断肠人在天涯。"这里头句句都是背景，只末了一句才说到那个主人公"断肠人"。主人公怎样呢？他并没有什么施为，作者只用"在天涯"三个字来说述他的情况。可是这许多背景的衬托的作用丰富极了。你想，枯藤老树，昏鸦飞鸣，小桥流水，人家三两，一条荒凉的古道，几阵寒冷的西风，瘦马前行，差不多全没气力，而太阳也疲倦了似地快要落下去了。一个出门人心绪本来就不很好，又在这样的境界之中，其愁烦达到何等程度，自可不言而喻。这和不画月亮而画云，却把月亮衬托了出来，情形恰正相同；可以说是专用背景来衬托的一个极端的例子。

上面的例子是背景和被衬托的事物相一致的。在有些文章里，背景和被衬托的事物恰正相反，如满腔烦闷的人独处在欢声笑语里头，饥寒交迫的人倒卧在高楼华厦旁边，这叫作反衬。反衬显示出一种对比，用得适当，效果也是很大的。

第三十七讲
记叙文与小说

一篇小说里至少叙述一件事情；长篇小说往往叙述到许多件事情，这许多件事情好像经和纬，交织起来，成为一匹花纹匀美的织物。小说里又必然有记叙的部分：对于一个人的状貌或神态，一处地方的位置或光景，以及一花一草，一器一物，在需要的时候，都得或简或繁地记述进去。这样说起来，小说不就是记叙文吗？

不错，小说就是记叙文。凡是关于记叙文的各种法则，在小说方面都适用，但是小说究竟和记叙文有分别。

作记叙文，必然先有可记叙的事物；换一句说，就是事物的存在或发生在先，而后作者提起笔来，给它作忠实的记录。看见了一只小小的核舟，觉得雕刻的技术精妙极了，才写一篇《核舟记》；经历了"五四"学生运动，觉得这事件大有历史价值，才写一篇《五四事件》[1]。作小说却不然。引动小说家的写作欲望的

---

[1] 见本书附录。

并不是早已存在、业经发生的某事物，而是他从许多事物中看出来的、和一般人生有重大关系的一点意义。他不愿意把这一点意义写成一篇论文；他要把它含蓄在记叙文的形式里头，让读者自己去辨知它。这当儿，现成的事物往往不很适用，不是所能含蓄的太少，就是无谓的部分太多了，于是小说家不免创造一些事物出来，使它充分地含蓄着他所看出来的一点意义。而且绝对没有多余的无谓的部分。这样写下来的当然也是记叙文；可是，在本质上，以作者所看出来的一点意义为主，在手法上，又并非对某事物据实记录，所以特别给它一个名称，叫作小说。

据实记录的记叙文以记叙为目的，只要把现成事物告诉人家，没有错误，没有遗漏，就完事了。出于创造的小说却以表出作者所看出来的一点意义为目的，而记叙只是它的手段。这是记叙文和小说的分别。

报纸、杂志所刊登的记载，历史、地理等书所容纳的文字，以及个人的一封写给别人报告近况的书信，一篇写述细物、琐事的偶记，这些都认定现成事物做对象，所以都是记叙文。试看那篇《最后一课》，中间有一个想要逃学的学生，有一个教授语文的教师，又有其他许多人，所叙的是上语文课的一回事，这固然不能说没有固定的事物做对象。但这些事物都是凭作者的意象创造出来的，他创造出这些来，为的是要表达他对于战败割地的感念。一切事物都集中于这一点，绝不加添一些无用的事物。就为这样，所以《最后一课》是一篇小说。

第三十八讲
小说的真实性

小说的故事和人物都由作者创造出来，当然并不实有其事、实有其人，但小说自有它的真实性。如果用一个比喻来说，就很可以明白。一个画家创作一幅"母与子"的图画，图中的母亲不定是姓张姓李的妇人，那孩子也不定是某人家的阿大或是阿二；但两个人体的形态都合乎法则，而且的结构，躯干的姿势，乃至一个指头、一缕头发那么微细的地方都很准确：这就是一种真实。再从全幅说，那母亲抚爱孩子的神情，那孩子依恋母亲的神情，都觉得普遍于人间，几乎给一切母子写照：这又是一种真实。小说就同这样的一幅图画相仿。小说写人物的状貌言动，也得妙肖逼真，使读者如见其人，如闻其声，仿佛和活动的人物对面一样。小说中用来表示作者所见到的一点意义的故事，又得入情入理，从世事的因果关系上看，从人生的心理基础上看，都可以有这样的故事，而且那故事确可以作这样的发展；如果真有其人其事，大致也相差不远。所以小说只不过是对于某人某事的记录而已；从它对于人生的社会的表现和描摹看来，那是真实的，而且比较对于某人某事的记录还要真实，因为它的材料不限于某人某事，可以容纳更多的真情真理的缘故。

一篇小说用历史上的人物作主人公或者用历史上的故事作题材，是常常看到的。这当然不能够照抄历史。历史既已有在那里，何必多此一举，再去照抄一遍呢？必须作者对于其人其事自有所见地，创造出一个故事来又能不违背情理，使读者觉得其人其事虽并不曾如此而未尝不可以如此，这篇小说才有提起笔来写的价值，这时候，作者已经把握到小说的真实性了。其他种类的小说都是这样。即使是"鸟言兽语"的童话（童话是儿童的小说），在有一些人看来最是荒诞不经的了，但只要应合动物的生活和性情，也就是具有真实性的东西。

一般人遇见了一件新奇可喜的事情，往往说："这倒是可以用来作小说的。"从这一句话，就知道他们不明白小说的产生的过程，也不明白小说和记叙文的分别。还有，读过了一篇小说，往往问："这里所说的故事是真实的吗？"从这一句话，就知道他们不明白小说自有它的真实性，所以只想探知这个故事是否真的发生过。

我们应该记着：小说是由作者创造出来的，决非依据事实写述的记叙文；可是小说是真实的，这真实系指对于人生和社会的表现和描摹而言。

第三十九讲
韵文和散文

普通文章的写作都依据着语言的自然腔调。现在我们写语体文，纸面的文字几乎同口头的语言完全一致，固然不用说了。即使我们写文言，大体也还是依据着语言的自然腔调，不过词汇的选用和造句的小节目不同而已。这样写下来的文章统称为散文。和散文相对的称为韵文。孩子爱唱的儿歌，各地民间流行的歌谣，就是口头的韵文。

韵文大都每句句末叶韵或间句叶韵，每句字数又有限制，吟诵起来容易上口，听受起来也容易记熟。一篇散文，读过几遍未必背诵得出，但是一首诗歌，念了几遍就挂在口头了。这是通常的经验。所以韵文的传布力、感染力比较散文来得大。各民族的初期，往往文字还不曾制定，口头的诗歌却已经发生了。就因为诗歌有着上面所说的实际效用的缘故。

什么叫作叶韵呢？这先得明白什么叫作同韵字。现在小学校里出来的人都学过拼音，知道每一个字音由"声母"和"韵母"拼合而成，那只要一句话就明白了：凡是韵母相同的就叫作同韵字。例如楼（lóu）、州（zhōu）、流（liú）的韵母是"ou"和韵母"iu"，这三个就是同韵字，山（shān）、闲（xián）、间（jiàn）的韵母是"an"和韵母"ian"，这三个也是同韵字。把同韵字放在相当各句的末了，这就叫作叶韵。

现在来看看以前读过的韵文。

像《梧桐》[1]里的一首诗叫作古体诗，形式上除叶韵和每句字数均齐以外，不再有什么限制。这是五个字一句的（并不一定是文法上所谓"完成一个意义"的句），叫作五言古体诗。古体诗不尽是五言，又有三言、四言、七言、九言的，也有一首里头错杂着字数不同的句子的（但仍不出上面所举字数的范围）。

像第二册选的李白的四首诗叫作七言绝句[2]，那就多一种限制了：必须顾到每个字的平仄。现在用○标记平声字，●标记仄声字（包括上声字、去声字、入声字），把《望天门山》这一首写在下面：

天门中断楚江开，　　碧水东流直北回。

1　见本书附录。
2　这四首七言绝句是《黄鹤楼送孟浩然之广陵》《山中答俗人》《早发白帝城》《望天门山》。

○○○●●○○　　●●○○●●○

两岸青山相对出，　孤帆一片日边来。

●●○○○●●　　○○●●●○○

此外还有个格式是

●●○○●●○（韵）　○○●●●○○（韵）

○○●●○○●　　●●○○●●○（韵）

作七言绝句就得依照这两个格式。不过每句的第一、第三、第五个字有时是可以通融的，平声字、仄声字都不妨用；又，第一句的末一个字也可以不叶韵而用仄声字。至于"故人西辞黄鹤楼"是"●○○○○●○"，"问余何意栖碧山"是"●○○●○●○"，那就是拗句了。绝句也有五言的，四句二十个字，同样得顾到平仄。绝句和限定八句，也得顾到平仄的五律、七律统称为近体诗。这个名称起于唐朝，因为"绝""律"两体是当时的新体。前面说起的古体诗，就是对于近体诗而言的。

像第二册选的李煜的四首词[1]也是韵文。词也起于唐朝，原来是有曲谱可以歌唱的歌曲。譬如《虞美人》就是当初有人写了歌

---

[1] 见本书附录。

辞、填了曲谱预备歌唱的新歌。第二个人另写歌辞，曲谱却还用着旧的，也就叫作《虞美人》。所以"虞美人""浪淘沙""清平乐""相见欢"都不是题目而是曲谱的名称。如第二册选的《赤壁怀古》，"赤壁怀古"是题目，它的曲谱是《念奴娇》。到后来曲谱渐渐失传了，词没有人会唱了，就只能依据着旧词的字数、平仄以及叶韵处所写词。因为词本是可以歌唱的东西。讲究的人写起词来不但顾到平仄，还要顾到四声（平、上、去、入）。对于每句的每一个字，从前人用什么声的字也就用什么声的字，所以词的限制比较近体诗更严。

像第一册选的《三弦》[1]和《一个小农家的暮》[2]是起来得不到二十年的体裁，叫作新体诗，也叶着韵，所以也是韵文。字数极随便，语句大体合乎语言的自然腔调，这是和以前诗、词不同的地方。但新体诗也不完全如此。又如第二册选的《画家》并不叶韵，虽也是诗歌，却不是韵文了。

诗歌以外，也有用韵的文章，散文里包含一部分韵文的也不少。

---

1 见本书附录。
2 见本书附录。

第四十讲
诗的本质

从前的古体诗和近体诗都是韵文，与音乐有着关系，而广义说起来也就是诗和词也是韵文。除叶韵而外，又有字数、平仄等限制。这样看来，似乎凡有这些限制的统是诗了。其实并不然。试看"四角号码"的《笔画歌》：

一横二垂三点捺，点下带横变零头，
叉四插五方块六，七角八八小是九。

字数均齐，第二、第四句叶韵；但一望而知它算不得诗，只是一种传习用的歌诀而已。再试看第二册选的《画家》，既不叶韵，字数又极随便，可以说完全没有限制；但一般人承认它是诗。所以，诗的成立不专在叶韵、字数、平仄等形式方面，还靠着它的本质。

我们常常听见人家在看了一篇散文之后说："这篇文章很有点诗意。"有时，一个人说了几句话，大家说："这几句话含有诗趣。"批评绘画的人往往说："画中有诗。"这所谓"诗意""诗趣"以及画中所表出的"诗境"都指诗的本质而言。可见诗的本质不但凝结而成诗，也可以含蓄在别的东西里头，正像糖和盐不但凝结而成粒粒的结晶体，也可以融化在液体里头一样。

现在试举几个例子，来说明诗的本质。

诸儿见家人泣，则随之泣，然犹以为母寝也，伤哉！
——归有光《先妣事略》

这个话活画出无知的孩子死了母亲的惨痛情状，孩子只是跟随大家哭泣罢了，并不知道就在这一刻遇到了最大的不幸，睡在那里的母亲是永远不醒的了，他们自己将永远是无母之儿了。这里头含蓄着很深的悲哀情绪，耐得人一回又一回地去想。如果让这个话独立起来把它放在诗的形式里，就是一首很好的诗，因为这个话含有诗的本质的缘故。又如：

我心中怪难过，暗想先生在此住了四十年了，他的园子就在学堂门外，这些台子凳子都是四十年的旧物，他手里种的胡桃树也长大了，窗子上的朱藤也爬上屋顶了。如今他这一把年纪明天就要离此地了！我仿佛听见楼上有人走动，想是先生的老妹子在那边收拾箱笼。我心中真替他难受。

——［法］都德《最后一课》（胡适译）

这几句话也含有诗的本质。先生的园子、台子、凳子、胡桃树和朱藤都将留下，而先生自己却不得不离开了几十年来熟习的环境，于明天离开这里；楼上先生的老妹子匆忙收拾箱笼，她一壁检点衣物，一壁看顾室内，大概会簌簌地掉下眼泪来吧。这里头含蓄着很深的悒郁情绪，使人家这样想了更可以那样想。又如：

于土墙凹凸处，花台小草丛杂处，常蹲其身，使与台齐；定神细视，以丛草为林，以虫蚁为兽，以土砾凸者为邱，凹者为壑，神游其中，怡然自得。

——沈复《闲情记趣》

这传出一种闲适的情操，同时使人觉得大有诗趣。又如：

这上面的夜的天空，奇怪而高，我生平没有见过这样的奇怪而高的天空，他仿佛要离开人间而去，使人们仰面不再看见。

——鲁迅《秋夜》

这表出一种莺远的想象，同时使人感到所谓诗意。

从前面所举的几个例子看来，可以知道含有情绪、情操、想象的语言、文字就含有诗的本质。那么，什么是诗的本质也就可以推想而知了。现在再举一个反面的例子：

> 苏打水是用焙用碱做的，把一种酸液加到碱上，使它发放所需的气体。后来用酸性碳酸钙代焙用碱，因为这东西价贱，而结果是一样的。
>
> ——《科学丛谈·苏打水》

这里头没有情绪、情操，也没有想象，当然谈不到什么诗趣、诗意；所以不能算是诗。

必须是一个含有诗的本质的意思，用精粹的语言表达出来，那才是"诗"。

第四十一讲
暗　示

我们说话、作文，常常有不把意思说尽、不把意思完全说明白的情形。在说着、写着的当儿，固然只求应合当前的情境，适可而止，并非故意要少说一些，可是仔细研究起来，不说尽和不完全说明白自有它的作用。这二者都给对方留着自己去玩味、自己去发见的余地，不致有损他的自负心。而他所玩味出来、发见出来的又和原意差不了什么，那就不说尽等于说尽，不说明白等于说明白了。这种作用叫作暗示。从另一方面说，暗示还有一种好处：可以使语言、文章蕴蓄丰富，含有余味。寻常吃东西，咽了下去就没有什么了，那一定不是美味；可口的东西在咽了下去之后，还有余味留在舌上，足供好一会的辨尝。具有暗示的文章也是这样。写在纸面的是若干字，而意义却超出于这若干字，这就不能随便把它丢开，看过以后，还得凝神去想那文字以外的意义；想又不一定一回而止，也许多想几回，每回可以领略到新鲜的意义，因而教人永远舍不得丢开它。没有暗示的文章是决不会有这种魔力的。

诗、词里头常常有利用暗示的地方。如《一个小农家的暮》里说：

> 他含着个十年的烟斗，
> 慢慢的从田里回来，
> 屋角里挂上了锄头，
> 便坐在稻床上，
> 调弄着只亲人的狗。
> 他还踱到栏里去，
> 看一看他的牛；
> 回头向她说，
> "怎样了——
> 我们新酿的酒？"

这里没有"快乐""安逸""满足""幸福"那些字眼，但是我们读了之后，可以想到那个农人的生活怎样快乐和安适。又如李煜的《虞美人》里说：

问君能有几多愁？恰似一江春水向东流。

这句答语不说有哪一种的愁,也不说有多少分量的愁,却用一个譬喻来了事,好像有点答非所问。然而愁好比一江春水,分量的多还用说吗?江水东流,滔滔滚滚,遇着大风和石岸,就激起汹涌的波浪,而愁正同它相像,其起伏重叠,没有一刻的停息,不是很可以想见了吗?所以这似乎答非所问的"恰似一江春水向东流",实在是富有暗示作用的佳句。

不只诗、词,文章里头也可以找出许多利用暗示的例子。如《项脊轩志》里说:

> 先是,庭中通南北为一。迨诸父异㸑,内外多置小门墙,往往而是。东犬西吠;客逾庖而宴;鸡栖于厅。庭中始为篱,已为墙,凡再变矣。

这里没有"衰落""离乱""不成体统"那些词、语,然而读了"东犬西吠"以下几句,一个衰落的大家庭怎样过着不和洽、无秩序的生活,已经可以想见。这是暗示的效果。又如《书叶机》[1]里说:

> 朱濆舰中或争轧诅神,必曰"遇代山旗"。

---

1 见本书附录。

有了这一句，不必详说海盗怎样惧怕叶机，而读者自然可以意会。这也是暗示的效果。文章又有全篇利用暗示的，不说本意，而用一个借喻来传出：这情形在寓言或讽刺文里最为常见。

暗示以能使读者体会得出为条件。如果读者无论如何体会不出，那就是缺漏和晦涩，而不是暗示了。

第四十二讲
报告书

现代生活非常繁复，个人和社会的关系的密切比较古代加增到不知多少倍，每个人必需知道和他相关的许多事物，然后可以应付当前的生活。为着适应这一种需要，应用文里头的报告书就占着很重要的地位。

报告书的目的在把某一种事物的一切报告给人家。那事物必然是已经存在的、已经发生的，所以报告书也就是记述文和叙述文。所与普通的记述文和叙述文不同的，只在写作之前对于某事物特加观察或调查这一点上。报告书是由于实际的需要，特地去观察或调查了某事物而后写作的。普通的记述文和叙述文却并不然——这就是说，作普通的记述文和叙述文不一定由于实际的需要，也未必特地去观察或调查。

在观察或调查一种事物的时候，往往先定下若干项目，作为注意的标准。例如观察一种工业，先定下制造原料、制造情形、成品质量、销路大概等等项目，观察起来就有条有理，不致杂乱或遗漏。又如调查某地的灾情，先定下成灾原因、灾情大概、灾民现状、救灾设施等等项目，调查的结果自能详知本末，没有什么缺憾。而在动手作报告书的时候，就可以把这些项目作为依据，逐一加以记叙。为使读者醒目起见，更不妨标明项目，让每一项目成为一个小题目。

至于报告书的好不好，全在所定项目妥当与否以及观察、调查精到与否。这关系于平时各方面的修养与训练，不只是写作方面的事了。

报告书里头也可以参加作者的意见，正如普通的记述文和叙述文里头可以参加作者的意见一样。观察、调查以后的感想或主张，在报告的时候连带提出比较单独提出容易使读者接受。普通文的法则在报告书里头也得顾到；作者应该记着应用文不一定就是枯燥、呆板的文字，写得生动而富有趣味一点，应用的效果当然更大。

我们每天看报纸，报纸上大部分是报告书。我们如果从事一种事业，就有写作报告书的需要，如在工商业机关办事需要写营业概况报告书，担任公务机关的视察员、调查员需要写视察报告书、调查报告书。报告书的阅读和写作已和现代生活分离不开，所以应当加以详切的注意。

第四十三讲
说明书

和报告书同样重要的应用文是说明书。

说明书的目的在把关于某一种事物的方法、原理等告诉给人家。其所以要告诉的缘故，也由于实际的需要，譬如，编了一部书，要使读者知道这部书是用怎样的方法编起来的，就得作一篇"凡例"；制了一种药品，要使医生或病家知道这种药品是根据什么原理来治病的，就得写一张"仿单"：凡例和仿单都是说明书。凡例的读者限于阅读这部书的人，仿单的读者限于医生或病家，不像普通文那样以一般的读者为对手。凡是必须使对手知道的，说明书中绝不能遗漏一点儿。不然的话，或则引起误会，或则招来纠纷，和写作的目的显然违背了。

说明书的材料不用向外界去寻求，需要写作说明书的人，他胸中必然先有了这么些材料；如果没有这么些材料，也就没有写作的需要了。动手写凡例的人早已知道他的书怎样编法，动手写仿单的人早已知道他的药品什么作用，不是吗？所以，写作说明书只是把胸中已有的材料化为文字的一番工夫而已。

写作说明书，以分列项目、逐项说明为正轨。项目明白地列着，读者自然一望而知。规定项目须依据实际的需要；事物不同，应定的项目也就各异，不能一概而论。不过有一点可以说的：所定各项目须有同等的身份；换一句说，就是每一项目须有独立的资格。譬如，丁项目是可以包含在甲项目里的，就没有独立的资格，只须并入甲项目好了。至于同样的材料在两个项目之下重见，或者甲项目的材料掺杂在乙项目里，这些都是毛病，应当竭力避免。

说明书和报告书同是应用文；若就文体说，二者可不相同。前一讲文话中已经说过，报告书也就是记述文和叙述文，但说明书却是说明文。

以后我们将讲到关于说明文的种种。

第四十四讲
说明和记述

以前我们说过,记叙文是作者自己不表示意见的文章[1](这当然指纯粹的记叙文而言)。

现在讲到的说明文就不同了。说明文所表示的是作者的理解;换个说法,就是作者所懂得的一些道理、原因、方法、关系等。理解是存在于内面的东西,属于意见的范围。作记叙文,单凭存在于外界的事物就成;作者所耳闻的,目睹的,身历的,都是写作的材料,这些材料都不是从内面拿出来的。作说明文,却全凭存在于内面的理解;没有理解,固然动不来笔,有了理解而还欠充分、真切,也就写不成完美合式的文章。有怎样的理解,才能写怎样的说明文。因此,我们可以说,说明文是作者表示他

---

[1] 参见本书第十讲。

的理解的文章。

如果着眼在取材从内面还是从外界这一点，说明文和记叙文就非常容易辨别。

现在先说说明文和记述文的分别。有两篇文章在这里，讲到的是同类的事物，粗略地想来，似乎该是同样的文体。但是仔细辨别之后，就觉得这两篇文章在取材上并不一样：一篇讲到的是某一件事物，看得见，指得出，即使出于虚构，也像真有这件事物似的；另一篇却不然，讲到的既不是这一件，也不是那一件，并且不只是这类事物的形状和光景，而在形状和光景以外更讲到一些什么（这正是这篇文章的主脑），这是看不见，指不出，仅仅能够意会的。因为取材不一样，写作的手法也就各异：一篇的写法好像作写生画，无论被写的某一件事物摆在作者面前或者存在作者的记忆里，总之是按着形象描画，形象怎样，描画下来也怎样，不过用文字代替了线条和烘托罢了；另一篇却决不能用作画的事情来比拟，只能说好像作一场讲演，讲演的内容是作者对于某一类事物的理解。根据以上所说的不同点，我们就可以把这两篇文章辨别，前一篇是记述文而后一篇是说明文。

说明文的目的和记述文不同是显然的。记述文在使读者知道作者曾经接触过的某一件事物，而说明文却在使读者理解作者对于某一类事物的理解。说明文为帮助读者的理解起见，自然须举出一些具体的事物来作为例证；但最紧要的还在说明作者所理解的部分。这部分务必明白、准确,才能使读者完全理解,没有含糊、误会的弊病。因此,在动手写作说明文的时候,作者胸中不能存一些连自己也缠不大清楚的意念;落到纸面不能有一句不合论理的、足以发生疑义的文句。这是一个消极条件。如果不顾这个消极条件,写下来的说明文就达不到它的目的。

第四十五讲
说明和叙述

看了前一讲文话,说明文和叙述文的分别也就不难明白。

叙述文所讲到的是事物的变迁,或者说经过情形。事物的变迁和经过情形也许近在当时,也许远在古代,也许是作者所身历,也许从传闻得来,总之占着或短或长的一段时间,有着或简或繁的一番进展。如果这变迁没有发生,作者当然无从写作;这变迁既已发生了,作者要把它告诉别人,这才提起笔来。所以,叙述文和记述文同样,是取材于外界的。即使像小说和寓言,其中事实往往出于虚构,并不曾在这世界上真实发生过,但作者写来像记载真事实一样,自己又不表示什么意见,分明是取材于外界的格式。故而小说和寓言也还是叙述文。

另外有一种文章也讲到事物的变迁和经过情形,但并不就此为止,文章的主脑也不在此而在别的部分。譬如,讲到某一回战争，更推求它的所以发生的原因、此胜彼败的理由，以及给与各方的影响，那推求的部分并且占着文章主脑的地位。这就是表示作者对于这回战争的理解，不仅记载了发生于外界的事实，而且写出了存在于内面的东西。不用说的，这样的文章是说明文。

在这里我们还得把小说、寓言等东西说一说。小说、寓言等东西往往是作者对于人生、社会有了一种意见才虚构出来的，为什么不说它们是说明文呢？回答是这样：小说、寓言等东西固然表示作者的意见，但表示的方式和说明文绝不相同。那是借着事实的本身表示；使读者知道了事实之后，自己悟出其中所含的意见来。作者决不在叙述事实的当儿突然露脸，说着"这是怎样的""这事情的关系怎样"一类口气的话儿。因此，从形式上看，只见作者在那里报告，自己并没有表示什么意见，那当然不是说明文了。

再就前面所举的例子来说。要说明某一回战争所以发生的原因、此胜彼败的理由，以及给与各方的影响，往往须叙述这回战争的大概情形以及连带发生的有关事件。这样，才能使读者按照事实来理解作者所理解的。除非这回战争的经过情形已是"谁人不知，哪个不晓"的了，那才不必再行叙述，径自说明作者的理解就得了。但这样的例子是很少有的。所以，这一类的说明文常常包含着叙述的成分。

第四十五讲　说明和叙述　| 109

第四十六讲
说明和议论

　　除开说明文，作者表示意见的文章还有议论文。说明文和议论文又有什么分别呢？

　　依以前所说的，说明文表示作者的理解。所谓理解，乃是说天地间本来有这些道理，给作者悟了出来，明白地懂得了。议论文却表示作者的主张。所谓主张，乃是说某一些事情必须这样干才行，某一些道理必须这样理解才不错，如果那样干、那样理解就不对了。不经过理解的阶段，一个人很难作什么主张。所以，议论文实在是从说明文发展而成的。

　　因为一是表示理解，一是表示主张，在表示的态度上，二者就不一样了。仅仅表示理解，态度常常是平静的。对甲说是这样，对乙说也是这样，说了就完事，甲或者乙听不听、相信不相信，那是不问的。即使他们不听、不相信，也无碍于作者的理解。进一步表示主张可不然了,态度常常是激动的。非把读者说服不可,非使读者相信不可;预料读者将有怎样的怀疑和反驳,逐一把它消释掉,好比军事家设伏一般,唯恐疏忽了一着,不能取得最后的胜利。为什么要这样呢?因为不能使读者相信等于白有了这个主张;作者要贯彻主张,就不能不用志在必胜的态度去对付读者。

说明文的题目的完整形式是:"××是什么?""××是怎样的?"改从省略,把其他删去,只留"××"部分,才成为"图画""读书"那样的题目。议论文的题目的完整形式是"××应当如此""××是不对的"。改从省略,把其他删去,只留"××"部分,才成为"爱国""战争"那样的题目。如果所有题目都写完整形式,那么单看题目就可以把说明文和议论文分辨出来了。可是实际上往往有取简略形式的,此外还有种种变化,这就混淆不清了;如"图画""读书""爱国""战争"四个题目摆在一起,若不把四篇文章通体读过,谁也不能判定哪一篇是说明文,哪一篇是议论文。在读罢文章下判定的当儿,只要注意两点就不会有错儿:(一)这篇文章表示什么?(二)这篇文章态度怎样?

前面说过,议论文是从说明文发展而成的。议论文表示一种主张,非先把议论到的事物说明一下不可。如主张战争应当反对,就得先把战争给与人类的灾祸详细说明,才见得"应当反对"的主张确可信从。因此,说明文几乎是议论文中必具的成分。

第四十七讲
说明的方法

　　最简单的说明文同以前所提及的说明文题目的完整形式相当。譬如说，"人是有理性的动物"相当于"××是什么"，"人是两手工作、两脚跑路的"相当于"××是怎样的"。"有理性的动物"只有"人"，"两手工作、两脚跑路的"只有"人"。用"人"的特点来说明"人"的概念，读者自然明白理解，不生误会。于是说明文的任务就完毕了。

　　但多数的说明文却要复杂得多。虽说复杂，也无非是许多简单说明文的集合和引申而已。复杂的说明文，必须具备的条件共有六项：

　　一、所属的种类　要使所说明的事物和关系较远的事物分离开来，必须说明它所属的种类。譬如要使"人"和植物、矿物分离开来，就说他是"动物"。

二、所具有的特点　要使所说明的事物和关系较近的同种类的事物分离开来，必须说明它所具的特点。譬如要使"人"和一切别的动物分离开来，就说他的特点——"有理性的"或是"两手工作、两脚跑路的"。

三、所含的种类　要使读者更易理解，而且理解的内容更见充实，那就必须把事物所包含的种类一一说明。分类原有一定的标准，所以在说明种类的当儿，又须把所用的标准同时点出。譬如就"书籍"说明它所含的种类，可作下面的说法："书籍在版本上，有木刻的，铅印的。在装订上，有线装的，洋装的。在文字上，有汉文的，洋文的。在内容上，有关于文学的，关于科学的，关于哲学的，等等。"

四、显明的实例　如果加上显明的实例，那就更见得明了。譬如对于"书籍"，可以说："爸爸那部《吴诗集览》是木刻的，线装的，汉文的，关于文学的；我的这本《科学概论》是铅印的，洋装的，洋文的，关于科学的。"

五、对称和疑似　单就事物的本身说明，有时还不容易明了，如果把对称的或者疑似的事物作为对照，那就更可使该事物明白显出。所谓对称的，就是大门类相同而小门类不相同的事物。所谓疑似的，就是好像同门类而实则并不相同的事物。学术上的名词大概有对称的。通常的事物多半有疑似的。把对称的作为对照的例子，如说："植物是生物中不属于动物的那一些。"把疑似的作为对照的例子，如说："习字纸也是用笔写的，但目的并不在代替谈话,所以不是书信。"

六、语义的限定　语义因使用纷繁,往往发生分歧,对于同样一个词儿,两个人的理解未必全同。作说明文的时候,如果遇到容易引起误会的词儿,就得特别限定它的语义。譬如对于"共和",可以说:"共和是国家主权属于全体人民,行政首长也由人民选出来的一种国体,不是'周召共和'的共和。"

以上六项中的某一项或某几项确为读者所熟悉的时候,当然也不妨省略。

第四十八讲
类型的事物

说明文所说明的对象有许多种。我们要把重要的几种分别述说。现在先说其中之一——类型的事物。

有人说的，一棵树上找不到两张完全相同的叶子，一只鸟身上找不到两片完全相同的羽毛。世间事物除了本身以外，决不会有另外一件事物和它完全相同。话是不错。但不同之处未必尽关紧要，有一些往往是小节目，抛开这些小节目不管，就见得许多事物相同了。试就叶子来说。一棵树上的两张叶子，大小不尽相同，边缘的轮廓不尽相同，叶脉的纹理不尽相同；可是除开这样，构造是相同的。再说甲种植物的叶子和乙种植物的叶子，形状也许不相同，构造也许不相同；可是除开这些，生理作用是相同的。我们上生物学的功课，有时遇见"植物的叶子"这样的题目，这里所说的叶子是哪一种植物的叶子呢？也不是桃树的，也不是玉蜀黍的，什么都不是，而是从所有植物的叶子中间抽出它们的共同点，然后用这些共同点组织起来的一张抽象的叶子。它不是某种植物身上的某一张，可是和每一种植物的叶子比照起来，都有共同之点。它是同类（所有叶子）中间的一个模型。这就叫作类型的事物。

我们认识事物，大部分只需知道它的类型就够了；逐个逐件地认识，事实上不可能，而且也不必须。除非那事物特别和我们有关系，特别引得我们的兴趣，这才有另眼看待、个别认识的需要。

述说类型的事物，在口头就是讲演体，在笔下就是说明文。生理教科书中讲胃是怎样一件东西，有什么作用；动物教科书中讲哺乳类是怎样一类动物，有什么特征：都是讲演体，都是说明文。这里的胃并不指定张三或李四的胃；哺乳类并不指定这一条狗或那一只猫：都是类型的事物。如果你当医生，割治一个病人的胃，你要把那个病胃的状况写下来，以备他日参考；或者你养一条狗，非常可爱，你要把它的可爱情形写下来，寄给你的朋友看。这时候，你所写的不再是类型的事物了，你的文章也就是记述文了。

第四十九讲
抽象的事理

说明文所说明的对象，现在再举出一种——抽象的事理。

譬如，我们要知道水的冰点是多少度，就去观察。看见寒暑表（摄氏）降到零度的时候水就凝结起来，于是知道水的冰点是零度。在观察的当儿，眼睛看得见的具体的事物只有寒暑表、水或是冰。至于"水的冰点是零点"，换一句话说，就是"水在温度降到冰点的时候才结冰"，这不是一件具体的事物，而是一个抽象的事理，只能意会而不能目睹的。

看了上面的例子，什么是抽象的事理就可以明白了。物理、人生事理等书籍中所述说的都是抽象的事理。这些文章都是说明文。

抽象的事理不是我们所能创造的。它附着于事物，只待我们去发现。在未被发现之前，它早已存在了。既被发现，它就成为我们的经验。因为它是抽象的，发见得对不对、准确不准确往往成问题。譬如，某人精神不佳，仿佛看见眼前闪过一个黑影子，第二天病了，他就说黑影子是鬼，他的病因是遇见了鬼。这似乎也是一个发见，也是一个抽象的事理，然而多么错误多么荒唐呵！医生来了，仔细诊察之后，发见他的病因是受了某种病菌的侵袭，或者是身体某种机能发生了障碍。如果承认医生所发见的是准确的事理，就不能不说某人自己发见的只是虚幻的想头。因为同一事物在同一情形之下，事理不会有两个的。为增进经验，应付生活起见，我们需要准确的事理，不需要虚幻的想头。所以在发见的时候必须极其审慎，以免结果的错误、荒唐。又，我们所知道的事理很多，不尽由自己去发见，大部分还从传习得来；看了书籍，听了教师、家人、朋友的指授，我们就多懂了许多的事理。这些当然有可靠的，但未必完全可靠。所以，对于从传习得来的事理，也得审慎检查，淘汰一番，才能把它们应用。

述说抽象事理的说明文，像"水的冰点是零度"是最简单的了。通常的没有这么简单，往往须把一串的事理联结起来，这一串的事理或由自己去发见，或根据大家所公认的。怎样由自己去发见呢？怎样知道大家所公认的一些事理呢？那是各学科方面的事情，整个生活里的事情，不只是国文科方面的事情了。

第五十讲
事物的异同

有许多事物,粗看起来,这个和那个似乎没有什么分别;但实在是有分别的。为免除混淆起见,就有加以说明的必要。所以,事物的异同也是说明文所说明的一种对象。

譬如,鲸住在水里,形态和鱼类相仿,似乎也是鱼类,但实际上鲸并不是鱼类。要使人家知道鲸为什么不是鱼类,就得把鲸和鱼类的不同之点说个明白。又如,理信[1]和迷信同是一个信,似乎没有什么分别;但实际上二者根本不同。要使人家知道二者为什么根本不同,就得把理信和迷信的来源解释清楚。如果写成文章,前一篇是《鲸和鱼类》,后一篇是《理信和迷信》。这两篇都是说明文。

---

1 理信:方言,道理。——编者注

凡是说明事物的异同的说明文必然是几篇说明文的综合。譬如，在"鲸和鱼类"这个题目之下就包含着两篇说明文：鲸是怎样的和鱼类是怎样的。综合的方式当然不止一个。先说明鲸是怎样的，再说明鱼类是怎样的，是一个方式；说了关于鲸和鱼类的某一个项目，再说关于鲸和鱼类的另一个项目，这样夹杂地说明，又是一个方式。无论用哪个方式，所说的项目必须双方兼顾；如说了鲸的血液是怎样的，就得说鱼类的血液是怎样的，这才能够使人知道二者的不同。如果在鲸的方面说了血液是怎样的，在鱼的方面却说骨头是怎样的，这就无从对比，不能够使人知道二者的不同了。从此更可以知道这类说明文并不是把几篇不相应的说明文贸然综合在一起，而是几篇格式相同、项目一致的说明文的综合。

这类说明文需要捉住那些必须说明的项目；没有遗漏，也没有多余，是最合理想的手笔。如果对于所要说明的那些事物理解得十分透切，所谓异同既已了然于胸中，那么捉住那些必须说明的项目实在也不是难事。这又要说到平时的修养和锻炼上去了。执笔作文不过是把所理解的发表出来，而增进理解决不能够在执笔的当儿临时抱佛脚。这不但这类说明文如此，所有说明文原是同样的。

第五十一讲
事物间的关系

还有许多事物，粗看起来，这个和那个似乎没有什么联系；但实在是有着联系的。或者它们的联系常被误会；实际上并不是这么一回事。为抉隐、正误起见，就有加以说明的必要。所以，事物间的关系也是说明文所说明的一种对象。

譬如，帝国主义侵略和农村破产似乎是两件不相干的事情；但按照我国的情形说，帝国主义侵略实在是农村破产的主要原因。要使人家知道这一层道理，就得把二者间的关系说个明白。又如，坐得正、立得正，似乎只为着表示礼貌；但实际上对于身体的各种机能的正常发展（也就是对于健康）尤关重要。要使人家知道这一层道理，就得把正当姿势和健康的关系解释清楚。如果写成文章，前一篇是《帝国主义侵略和农村破产》，后一篇是《正当姿势和健康》。这两篇都是说明文。因为目的不相同，这类说明文和说明事物异同的说明文在说明的方式上也就各异。说明事物异同的说明文常是两相对比的；而这类说明文仅须说明二者中间作为因素的一项，只要准确而没有遗漏，它和另一项的关系自然就显露了出来。譬如，要说明帝国主义侵略和农村破产的关系仅须把帝国主义侵略的方法，如市场的夺取、原料的吸取等等加以阐发；在这阐发之中，当然要指出受到影响最大的是区域最广、人口最多的农村；于是二者间的关系再也不必多说，谁都认得清楚了。

目的既在说明"关系"，和"关系"无关的项目就得抛开不说；否则徒然扰乱人家的注意，不免使全篇文章减色。譬如，在说明帝国主义侵略和农村破产的关系的文章里，却说到帝国主义间怎样在那里互相嫉妒，互相欺骗，这就是画蛇添足了；因为帝国主义间的互相嫉妒和欺骗对于我国的农村破产是没有关系的。

反过来，我们就可以知道，这类说明文必须捉住那些和"关系"有关的项目来说。

第五十二讲
事物的处理法

以前讲应用文中的说明书[1],曾经把编书的事情作为例子,说编者"要使读者知道这部书是用怎样的方法编起来的,就得作一篇'凡例'"。用怎样的方法编起来,换一句说,就是这部书的处理法是怎样的。所以,事物的处理法也是说明文所说明的一种对象。

事物的处理法有具体和抽象的分别。譬如,做一种物理试验,须应用一种器物,这些器物又须作相当的布置;器物和布置是视而可见的,做得对不对又可以从试验的结果来判定。所以,这样的处理法是具体的。又如,讲立身处世的方法,要遵从道德的教条哩,要保持科学的精神哩;这些都不过是一种观念,没有

---

[1] 参见本书第四十三讲。

迹象可凭。所以，这样的处理法是抽象的。

执笔作文，说明具体的处理法，人人写来几乎可以说一样。试取几本物理教科书来看，对于同一种试验的说明，彼此仅有字句之间的差异而已。说明抽象的处理法的文章可不然了，各人有各人的发见和理解，写来也许完全不相同。试取几本关于人生哲学的书籍来看，对于立身处世的方法，彼此往往不尽一致。

说明具体的处理法的文章中常常含有记叙的成分。依前面所举做物理试验的例子来论，讲到器物怎样、布置怎样的部分就是记述文，讲到怎样着手试验的部分就是叙述文。说明抽象的处理法的文章，在同一题目之下，各人写来虽然未必尽同；但写作的态度也得像说明物理试验法那样冷静，仿佛并没有"我"在里头似的。如果透露着"我以为应该这样""我主张非这样不可"的意思，那就不是说明文而是议论文了。

说明抽象处理法的文章须求切近实际，对于人家有点儿用处。如果说明"怎样爱国"，却说一该省钱，二该卫生；省钱、卫生和爱国固然不能说绝对没有关系，但是关系太遥远了。这样的文章简直可以不作，因为它不切近实际，对于人家没有多大用处。

第五十三讲
话义的诠释

像字典或辞典，每一条条目诠释一个字或一个词的意义。小学生所用的最简单的字典，诠释只有一句话，甚至只有一个词儿；繁复的大辞典，每条长到千万言，简直就是一篇文章、一本书的规模。无论简单的、繁复的，总之说明字或词的意义，教人家有所理解，所以都是说明文。

诠释一个字或词的意义，要准确而没有漏义，最好用它的本身来作注释。其方式是"甲即甲"。应用起来，就是"牛即牛""自由即自由"。诠释"牛"字的意义，再没有比就用个"牛"字准确而包含得完全的了。对于"自由"一词也是如此。但这样作注解，不是等于没有作注解吗？注解的目的原在使人家理解他所不理解的字和词的意义，现在就用人家所不理解的原字、原词作注解，人家看了还是个不理解。所以，这种办法是行不通的；无论哪一种字典或辞典，都得用另外的语言来诠释字或词的意义。用了另外的语言，却仍旧要顾到准确和没有漏义这两点，这是编撰字典、辞典的人所刻意经营的事情。即使并不编撰字典、辞典，而在谈话或临文的当儿要诠释字和词的意义，也非随时顾到这两点不可。

如果说"牛是有理性的动物"，这就不准确了。因为"有理性"是"人"的特点，用来说明"牛"是完全不切实际的。如果说"牛是哺乳的动物"，准确是准确的了，但是还有遗漏。因为哺乳的动物不只是牛，马、羊、猪、狗等等乃至于人都是哺乳的动物；必须再举出牛的特点来加以限定才行。于是从牛的形态说，是怎样怎样的，从牛的功能说，是怎样怎样的；限定越多，漏义越少，直到所可举出的特点都已举出，这就没有漏义了。——以上是一个例子，无论诠释什么语义，都可以依此类推。

最足以为标准的诠释要推科学方面的定义了。如给"直角三角形"下定义说："这是内含一只直角的三角形。"绝对准确，也绝对没有漏义。至于通常的事物或字和词，因为它们关涉到的范围广大，有些又属于抽象的，要下这样确切不移的定义往往感到不很容易。但诠释语义的事情在日常生活中是很关重要的。无论当传述或是辩论的时候，必须双方对于所用字和词作同样的理解，才可以免除彼此的误会；因此，我们随时有诠释语义的必要。如果能够牢记着前面所说的两点，一要准确，二要没有漏义，虽然不一定像科学定义那样确切不移，总之也相差不远了。

第五十四讲
独语式和问答式

说明文和其他文体一样，大多数采用独语式。所谓独语式，就是作者一个人在那里说话，凡是必须使读者知道的都说在里头，直到说完，文章也就完篇的一种格式。

但有时为便利起见，不得不自己设问。设问就是提出一些问题来，自己再来解答。对于某一点，揣度读者也许会发生疑问，这当儿就来一下设问；接着给它个详明的解释，使读者不复致疑。对于某几处，揣度读者也许会弄不清头绪，这当儿也就来几个设问；然后分头说明，使读者理解得清清楚楚。这等地方，如果不用设问的方法，而用独语式述说下去，原也未尝不可；可是引起注意、点清眉目的效率比较用设问的方法差得多了。写文章给人家看，应该随时随地替人家着想，既然设问可以增加效率的话，为什么要吝啬这些相当处所的设问呢？

从偶或设问发展开去，有些说明文竟是全篇的问答。有一种叫作《地理问答》的书，它的体裁是这样的：某某省位置怎样？某某省在某某省的南面，某某省的北面。某某省有什么大山？某某省有某某山。某某省有什么大川？某某省有某某河。……这是和独语式完全不相同的问答式。每一个问题提示一个项目，答语就是对于这个项目的说明。头绪是清楚极了，即使阅读能力很差的人也不会缠错。我国古书里头有一种叫作《春秋公羊传》的，也全用问答式。它说明《春秋》第一句"元年春王正月"的意义说："元年者何？君之始年也。春者何？岁之始也。王者孰谓？谓文王也。曷为先言王而后言正月？王正月也。何言乎王正月？大一统也。"凡是应该说明之点，都给制成一个问题，然后一层一层加以疏解，像"剥蕉"一般。读者读了这样的文章，只觉得作者的态度极端冷静，一点也不掺杂个人的感情在内，比较独语式尤其偏于理智这方面。

动手写说明文，用独语式呢还是用问答式，这当然随作者的便。二者之间并没有优劣可分，只要述说得准确、清楚，能使人家充分理解，无论用哪一式都是好的。不过用独语式已经足够了的时候就可以不必用问答式，因为用问答式至少要多写一些问语，可省不省，未免浪费。至于前面说起的《地理问答》和《春秋公羊传》，那是全书的体裁如此，又另是一个说法了。

第五十五讲
知的文和情的文

    我们读过了许多篇文章了。自己反省一下,觉得从这许多篇文章得到的影响并不一致:在读了某一些文章之后,我们除了知道了一些什么以外,不再感觉别的;可是在读了另外一些文章之后,却不仅知道了一些什么,还受着它的感动,它好比一块石头,投在我们"心的湖泊"里,激起了或强或弱的波动。譬如,我们读了《丛书集成凡例》[1],不过知道《丛书集成》是怎样一部书罢了;可是我们读了《海燕》,却使我们心目中出现了成群的小燕子,在春光如海或是碧天万里的背景之前,上下飞翔,我们因而感到一种欣喜或是哀愁。同样是一篇文章,给与我们的影响竟会这样的不同。

---

1 参见本书附录。

原来文章除了从前说起的最基本的分类法[1]以外，还可以有其他的分类法。像《丛书集成凡例》那样的文章，目的在将一些知识传达给人家；像《海燕》那样的文章，目的在将一些情感倾诉给人家。前者叫作知的文章；后者叫作情的文章。因为作者的目的不同，读者所受的影响也就各异。读了知的文章，可以扩大知识的范围，但情感方面不会有什么激动；读了情的文章，可以引起情感上的"共鸣"，虽然也可以从其中接受知识，但接受时候的心境是激动的而不是平静的。

知的文章和情的文章不能够依据了文体来判别。同样是记叙文，有属于知的，如《五四事件》[2]，有属于情的，如《五月三十一日急雨中》[3]。同样是论说文，有属于知的，如《图画》[4]，有属于情的，如《朋友》[5]。

知的文章和情的文章，如果用图画来比拟，前者犹如用器画，而后者犹如自在画。用器画所要求的是精密与正确，要达到这样地步，唯有对于当前事物作客观的剖析。自在画所要求的是生动与神化，要达到这样地步，必须对于当前事物作主观的体会。十个人对同一事物画用器画，只要剖析的不错，画成的十幅画就完全一样。十个人对同一事物画自在画，彼此的体会未必一

---

1 参见本书第五讲。
2 参见本书附录。
3 参见本书附录。
4 参见本书附录。
5 参见本书附录。

致，画成的十幅画就大有差别。用器画家以纯理智的眼光去看事物，把个人的情感搁在一旁，所以剖析相同，成绩也相同。自在画家通过了个人的情感去看事物，一切都给染上了个人情感的色彩，所以体会各别，成绩也各别。

试取几种物理教科书来看。其中讲力学的，讲声学的……无非这么一些意思，不过字句之间略有不同罢了。原来这些是同于用器画的知的文章。又试取几篇哀悼某一个人的文章来看，就见到他们的意境各各不同。原来这些是同于自在画的情的文章。

作知的文章，第一，自然要求观察和认识的精密与正确，这是个根本条件。如果观察和认识不精密，不正确，无论你笔下的工夫怎样了不起，决不能够写出好文章。第二，对于所谓消极修辞的工夫要充分注意。

作情的文章，不但要记录事物，表示意思，并且要传达出作者的情感，为达到这个目的起见，就得放弃了寻常的写述手法，而致力于描写的工夫。所谓描写，浅近地说起来，就是种种积极修辞方法的适当的应用，如譬喻，如拟人、拟物，如借代，如摹状，如铺张……这些修辞方法都是直接诉之于感觉的。惟其直接诉之于感觉，所以能有传达情感的效果。"时令交春了。"这样一句话中，没有什么情感可言。但是说"春天和我们同在了"，我们就感觉春天宛如一位可爱的朋友，他的到来带给我们无穷的希望；这就可见这样一句话足以传达出欣喜的情感。

第五十六讲
学术文

知的文章一点不掺杂作者个人的情感,只是对当前事物作客观的剖析:前面已经说过了。现在要说的是:凡作学术文应该用知的文章的手法。因为学术文的目的在使读者精密地了知,正确地理解,这非诉之于读者的理智不可;如果笔下带着情感,难免把读者的理智混淆了,在学术的授受上是有着妨碍的。试看出色的学术文,都是纯粹的知的文章。

要作学术文,必须作者对于学术有了精深的造诣。这由于平时的修养,在我们的文话中没有什么可以说的。现在假定作者对于学术已经有了精深的造诣,当他动笔写作的时候,却有特别要审慎的几点。在这里,我们不妨提出来谈谈。

第一点,凡用字眼,要按照它的原义;换一句说,就是要按照它在学术上的意义来使用它。有许多字眼,经过千万人的传说，它们的意义渐渐转变，成为庸俗的意义，和原义完全不相应合。如称节省钱财为"经济学"，称热心公益为"社会主义"，把自己的意见叫作"主观"，把他人的意见叫作"客观"，诸如此类，不一而足。如果写作传记或是小说，而所写的正是这样乱用字眼的人物，自然不妨把这些字眼用在他的会话里；使读者如闻其声，如见其人。这当儿，你若嫌他使用字眼全不得当，逐一给他换上适切的字眼，写成他的会话，那反而失掉了这个人物的特点，你的描写就失败了。但是在学术上，"经济学"是什么，"社会主义"是什么，"主观"是什么，"客观"是什么，都有确定的界说。作学术文，唯有合乎界说的意义，才可以用这个字眼来表达它。读者根据了字眼的界说来理解，才可以不生歧义。否则作者和读者之间没有了公认的媒介，那学术文就说不上精密与正确了。

第二点，凡有语句，要多所限制；换一句说，就是要使语句的含义毫不游移。我们平时说话、作文，往往依从习惯，取其简捷；只要在当前的情境之下，能使对方理会，就算了事；但仔细考察起来，不免有游移的弊病。如说"铁比棉重"，似乎很成一句话，然而这句话的意义是游移的。一百斤铁比一百斤棉重呢，还是一小块铁比一大包棉重？如果说："假如体积相同，铁比棉重"，这就毫不游移了。"假如体积相同"正是加上去的限制。可见多所限制可使意义精密与正确。我们读学术文，如"在某种情形之下""在某一些条件之下""从某方面看来""从某立场某基点说来"等副词性的语句，常常可以遇见。这并不是作者不惮噜苏，实因他要求他的语句精密与正确，所以不得不加上相当的限制。

第三点，凡积极修辞方法，在学术文中不宜随便乱用。如"白发三千丈"是诗篇的佳句，"世乃有无母之人"是抒情文的至性语，它们都用的积极修辞方法。但当写学术文的时候，这种语句就完全用不到。学术文要一是一，二是二，不戴有色眼镜去观察一切事物，不带个人情感去对付一切意思。学术文以朴素而精密、正确为美，和情的文章原是不一样的。

写学术文应当审慎的当然不止以上所说的几点，但这几点却是浅近而重要的。即使自己并不动手去作，知道了这几点，对于学术文的阅读也有相当的帮助。

第五十七讲
对　话

　　叙述文叙述事件的经过与变化。事件的经过与变化,情形各各不同。如果某事件中有若干人物在那里活动,从作者看来,不但那些人物的行动需要叙述,就是他们当时的语言也非叙述不可:在这样情形之下,叙述文中就得插入对话了。

　　像《项链》这篇里的"呵!好香的肉汤!我觉得没有再比这好的了……"这只是那个丈夫的独白,并不是对话。又像《新教师的第一堂课》[1]里的:"反正已非教书不可,除了在这上努力以外更无别法,人家怎样说,怎样想,哪里管得许多。"这只是那个新教师在那里想心思,而作者把他的心思写了出来,也不是对话。所谓对话,至少在两个人之间才会发生。你提起了一个

1　参见本书附录。

问题，或者谈到了一件事物，我接下去表示我的意见，说出我的感想，你又接着谈论下去：这样才是对话。如果人数更多，或者甲、乙、丙、丁顺次发言，或者甲、乙反复说了许多回，而丙、丁只在其间插入一两句：这样当然也是对话。

有许多叙述文，作者在人物的行动上很少用笔墨，有的竟绝不去叙述人物的行动，而专门叙述他们的对话。读者读着这样的文章，就仿佛坐在这些人物旁边，听他们你一言，我一语。读到完篇，就可以了解他们谈的是什么。

叙述人物的语言，原来有两种方式。一是用传述的口气，由作者转告读者，其方式是"甲说怎样怎样，乙以为怎样怎样"。用这种方式的时候，对于语言中的代名词必须加以变更，如原语中的"我"，由作者方面说，必须改作"他"，原语中的"你"，由作者方面说，必须改称那人的名字；否则就混淆不明了。一是用记录的手法，把原语直接告诉读者，其方式是：甲说："怎样怎样。"乙说："怎样怎样。"这里用着引号，就是表示完全保存语言原样的意思。从前文言不用标点符号，但也有个特别的标记，作者在记录语言之前常写着"某某曰"，使读者一看就明白，"曰"字以下是人物的语言的原样了。

前一种方式，适用于短少的语言。如前面提起的《项链》里那个丈夫的独白，如果把"我"字换作"他"字，改为作者传述的口气，也没有什么不可以。但是，繁多的语言，几个人的反复谈论，就不适宜用这种方式，而必须用后一种方式。因为用前一种方式既有变更代名词的麻烦，又有许多语言不便由作者传述（如自己发抒情感的话），不如用后一种，依照语言原样记录，来得方便。又，用前一种方式只能传达语言的意思，而不能传出人物发言当时的神情；要使读者在领略意思以外，更能体会发言当时的神情，就非用后一种方式不可。

叙述对话的文章就是充量利用后一种方式的。

我们同家人或是朋友在一起，随时发生对话，为什么不把它完全记录下来呢？原来写一篇文章，必须有一个中心意义；平时的对话，或则散漫无归，或则琐屑非常，要记录当然可以；只因为它不值得记录，就不去记录了。若是一场对话中间，含有一个中心意义，那就是值得记录的材料；作者就不妨提起他的笔来。值得不值得的辨别，全靠着作者的识见。

第五十八讲
戏　剧

　　戏剧和纯用对话组成的叙述文相似而实不同。二者都只有对话，是它们的相似处。但戏剧用对话来表达一个故事，这故事或则头绪很繁多，或则进展极曲折；而寻常用对话组成的叙述文，不过是几个人的一场会谈，在某一个中心意义上见得有记录下来的价值而已：这是它们的不同处。

　　更有一点不同处：纯用对话组成的叙述文，其目的和他种文章一样，无非供人阅读；而剧本却不单供人阅读，尤其重要的，在供演员登台表演。因此，写剧本比较写叙述文需要更多方面的注意。许多对话该使演员在怎样的环境中间说出，用怎样的神情、姿态说出，才可以收到最大的效果：这是写剧本时必须考虑的。作者把考虑的结果也写入剧本里头，于是在对话以外，又有了记录舞台布景以及人物的神态、动作等等的文字。这种文字是给布景员和演员看的,在剧本中只居于"注脚"的地位,而剧本的主题总之是对话;所以我们不妨说,剧本的组成完全用着对话。

我们要知道,纯用对话来编成戏剧,而对话又同现实生活中间一样,发言吐语,毫无不合情理之处,这是从西洋现代剧的写实一派开始的。这种编剧方法传到了我国,我国也就有人写这样的剧本了。若从所有的剧本看起来,写法并不完全如此。如有一些剧本,往往有一个人物的独白,把所见的景物、所想的心事、所感的情绪说上一大套。在现实生活中间是决没有这样的事情的,既不是神经病患者,怎么会唠唠叨叨向虚空说话呢?然而作者认为戏剧究竟是戏剧,虽然不合情理,却也无妨。这和写实一派,不能断定说谁优谁劣,因为戏剧的优劣并不在这上边判别;只能说另是一种写法罢了。

我们旧有的戏剧大都是歌剧:有道白的部分,又有歌唱的部分。这也和现实生活不相一致,在现实生活中间,决没有按照着乐谱说话的,还有歌唱的部分并不完全是对话或者独白。如皮簧戏《空城计》中司马懿唱:"坐在马上传将令:大小三军听分明。"昆剧《长生殿·埋玉》中唐明皇唱:"无语沉吟。呵呀!意如乱麻。"这两个例子中,"大小三军听分明"和"呵呀"固然是对话;而"坐在马上传将令"表明司马懿的动作,"无语沉吟""意如乱麻"表明唐明皇的神态与心绪,按照现代剧写实一派的手法,这些只能作为"注脚"罢了,但在我国的歌剧中,也不妨编成唱句由剧中人物唱出来。这种体裁上的特异处，也是看戏的或是读剧本的所应了解的。

再说我国旧有的戏剧，一出中可以有许多场面。各个场面所表演的事情，在时间上不一定连续，在空间上不一定一致。前一场面的事情发生在前几天，在甲地点，而后一场面的事情却发生后几天，在乙地点；这样的例子很多。但是现代剧写实一派就不一样。它每一幕只表现在某一段时间以内发生在某一地点的事情。时间不可割断；地点不可变改。假如一幕戏剧可演一点钟，那就是剧中人物连续地作一点钟的对话；假如舞台被认为某人家的一间屋子，那无论剧中人物上场下场多少回，总之只能在这一间屋子里活动。有了这样的限制，又得纯用对话，表达出头绪很繁多、进展极曲折的故事来，使观者觉得入情入理，发生深切的感动，这当然不是容易的事情了。

第五十九讲
文章中的会话

　　剧本以及有一些叙述文纯用对话来写成,前面已经说过了。但大部分的叙述文都只是插入一些对话罢了。按照实际情形说,一件事情继续发展,由少数或者多数人在那里活动,当时他们的对话一定不止被记录在文章里的这一些。譬如,有五个人聚集在一起,举行一个会议,他们从开会到散会,彼此反复辩论,互相商讨,假定延长到一点钟的话,那记录对话的文章至少要有七八千字了;但写起文章来,往往不把这些对话完全记录,而只记录其一部分,此外的,由作者用"某人主张怎样""某人的意见和某人大致相同"等语句一笔表过(会场速记当然除外)。为什么文章中的对话少于事实上的对话呢?被记录在文章里的对话又用什么标准来选定呢?这是应当讨究的问题。

　　从前我们说过:"事物本身的流动有快有慢,……写入文章里面，因为要使事件的特色显出，就得把不必要的材料删去，在流动上更分出人为的快慢来。"[1]所以，即使是叙述一场会议的经过的文章，本来应该纯用对话来写成的，也不妨在流动上分出人为的快慢来，把显得出该会议特色的对话记录了，而对于其余的对话，或者只是一笔表过，或者简直略去不提。这样，文章中的对话就少于事实上的对话了。我们要知道，叙述文是决不能按照事实一丝不漏地记录的，某一件事情自始至终只占一天的时间，可以说很短很暂的了，但是，试想把这一天里各个人物的行动以及对话一丝不漏地记录下来，将成多厚的一本书？人家阅读这样一本大书，将费多少的工夫？并且，这样记录有什么必要呢？叙述了重要的部分，更把脉络、关节交代明白，使人家知道事情的特色和大概，这就足够了。

选定对话的标准，只有"必要"二字。说得明白一点，就是：凡足以增加文章效力的对话，必须记录下来；其可有可无的，不妨一概从略，因为收了进去反而使文章见得累赘，减损了效力。譬如：事件的进展，由作者的口气来叙述，往往觉得平板；而这当儿事件中的几个人物恰好有一场对话，径把这一场对话记录下来，却见得活泼有致：这就是足以增加文章效力的对话，决不可随便放过。又如，人物的性格，由作者用一些形容词语来描写，只能使读者得到个抽象的概念；假如这些人物恰好有

---

[1] 参见本书第十五讲。

一场对话，径把这一场对话记录下来，却可以使读者对于他们的性格得到个具体的印象：这就是足以增加文章效力的对象，尽量收入也不嫌其多。试取好的文章来看，其中所收的对话断没有离开了"必要"的标准的。

以上是就叙述实事的文章而言。他如小说，整个故事都由作者虚构，其中的对话当然也出于想象。想象出来的对话，除必须合于"必要"的标准以外，还得注意到人物的性习、职业、教育程度、地方色彩，等等。一个粗鲁的人物，却有精密的谈吐；一个不识之乎的人物，却满口引经据典，或者累累不绝地用着学术词语：这些都不是好的对话，在小说中就是毛病。

第六十讲
抒情诗

　　我们当遇见了美好的、伟大的景物，不禁要放声高呼："啊！了不得！了不得！"或者当碰到了哀伤的、惨痛的事故，不禁要出声绝叫："啊！受不住了！受不住了！"这当儿，我们和当前的景物或是事故已经融合在一起，不再用冷静的头脑去对付它们，却把自己的情感倾注到它们中间；因而眼中所见、心中所想，都含着情感的成分。

　　在一些时候，因为情感太旺盛了，太深至了，仅仅叫喊几声，不足以尽量发泄；而情感不得尽量发泄，却是一种不快，甚而是一种难受的痛苦。于是我们编成几句和谐的语言，把当时的情感纳在里头，朗吟着或者低唱着。在吟唱的当儿，怀着欢快的情感的更觉得畅适无比，而怀着哀痛的情感的也觉得把哀痛吐了出来：二者都得到尽量发泄的快感。即使并不由自己来编，在情感激动的时候，也往往要吟唱一些现成的诗歌。游山玩景的人不知不觉地吟着古人的咏景佳句，送殡的行列凄凄切切地唱着《蒿里》《薤露》的歌曲，都为着发泄情感的缘故。

抒情诗就是从这样心理基础上产生出来的。无论对自然景物，或是对人情世态，有动于中，发为歌咏，都是抒情诗。这里所谓情，自然各各不同，有强烈的，有淡远的，有奔放的，有含蓄的；但总之贯彻着全诗，作为全诗的灵魂。我们原可以说，情是诗的本质，没有情也就无所谓诗；所以凡是诗都是抒情的。现在从诗的范围中划出一部分来，把那些纯粹流荡着一股情感的诗特称为抒情诗，不过表示那一类诗比较一般的诗尤其是抒情的而已。

抒情诗纯粹流荡着一股情感，这情感必须用具体的语言和适合的节奏才表现得出。假如语言是笼统的、模糊的，节奏是和情感不相应的，那就达不到抒情的目的。譬如，逢到欢喜的时候，只是说"快活极了"，逢到悲伤的时候，只是说"痛苦极了"，这样，虽然重复说上十遍二十遍，还是没有抒出什么情来。必得把当时眼中所见、心中所想化为具体的语言，然后可以见得感动在什么地方，以及感动到何等程度。又必得使语言的节奏适合当时的情感，然后歌咏起来可以收到宣泄情感的效果。总括一句，就是：抒情诗应该是造型艺术和音乐艺术的综合体。

如果取一首抒情诗来作为例子，把它解说一番，对于上面所说的话就更见明白。我们读过李白的一首诗："问余何意栖碧山，笑而不答心自闲。桃花流水窅然去，别有天地非人间。"这首诗抒写山居闲逸之情。假如只是说"闲逸极了"，那就等于没有说。现在作者在第一句里说到"山"，而且是"碧山"，这就非常具体；仿佛作画一样，已经布置好了一片鲜明的背景。更用一个"栖"字，见得对于山居乐而不厌。鸟儿栖息在林中，不是很安适很快乐的吗？第二句用"笑而不答"来描摹"心"的"闲"，又是个具体的印象。从这个具体的印象，显示出丰富的意义：别有会心，不可言状，是一层；说了出来，人也不解，是一层；闲适之极，无暇作答，又是一层。第三句从整个背景中选出更鲜明的"桃花流水"来说。桃花随着流水窅然而去，即此一景，便觉意味无穷。所以第四句推广开去说，总之山中别有天地，不同人间。山景如此，心境如此，其闲逸之情可想而知了。再说这首诗用"山""闲""间"三字作韵脚，声音舒缓。而第一句的"栖"字，第二句的"自"字，第四句的"非"字，以及第三句的"窅然"二字，念起来都使人起幽静深远的感觉。把这些字配合在诗里，正和闲逸之情适合。若问李白这一首诗为什么会这样好，回答是：因为它是造型艺术和音乐艺术的综合体。

第六十一讲
叙事诗

　　叙述一件事情,不用普通的散文,而用诗来写出的,叫作叙事诗。所谓叙事诗,是对于抒情诗而言的,抒情诗所写的是作者对事物的主观的情怀,叙事诗所写的是事物本身的变迁和进展。

　　抒情诗所用的题材可大可小,大至国家兴亡,小至一草一石都可以。因为所写的并非事物本身,乃是作者对于事物的情怀,所以题材可以不拘。至于叙事诗,是叙述事物本身的变迁和进展的,题材常取稀有的不寻常的故事,历史上可歌可泣的事件,往往被取为叙事诗的好题材。抒情诗可以用短小的构造来写出,叙事诗非用较大的篇幅不可。

　　叙事诗在叙述一点上和叙述文性质相同,叙述文里的技巧,如材料的剪裁、取舍,场面的布置等等法则,照样可应用于叙事诗。但从另一方面看,叙事诗究竟是诗,不是散文,不但须在字句上、韵律上具有诗的形式,并且还要具有诗的质素。若叙述一件事情,只是字句韵律像诗,而缺乏诗的质素,那么只是诗体的叙述文而已,不能算是真正的叙事诗。

诗的质素是什么?我们在前面曾略有说及。[1]诗是用想象、含蓄、印象等等的方法,叫人去感受的。叙述一件事情,可以用散文,也可以用诗,散文的目的在告诉读者以事件的经过,使读者"知得"。诗的目的,却在叫读者"感得"。叙述文和叙事诗的特色,可用下面的例子来分别:

时移事去,乐尽悲来。每至春之日,冬之夜,池莲夏开,宫槐秋落,梨园弟子,玉琯发音,闻《霓裳羽衣》一声,则天颜不怡,左右歔欷。三载一意,其念不衰。求之梦魂,杳不能得。

——陈鸿《长恨传》

归来池苑皆依旧,太液芙蓉未央柳。芙蓉如面柳如眉,对此如何不泪垂。春风桃李花开日,秋雨梧桐叶落时。西宫南内多秋草,落叶满阶红不扫。梨园子弟白发新,椒房阿监青娥老。夕殿萤飞思悄然,孤灯挑尽未成眠。迟迟钟鼓初长夜,耿耿星河欲曙天。鸳鸯瓦冷霜华重,翡翠衾寒谁与共。

---

1 参见本书第四十讲。

悠悠生死别经年,魂魄不曾来入梦。

——白居易《长恨歌》

上面两段文字,都是叙述唐玄宗回宫后的独居寡欢的,《长恨传》是叙述文,《长恨歌》是叙事诗。一经比较,就可看出特色来。叙事诗叙述事物,始终不能脱去诗的情感的要素,从这点说起来,叙事诗和抒情诗,并没截然的分界,只是所取的题材不同罢了。

第六十二讲
律　诗

我们已读过许多诗，除新诗以外，有七言绝句，有五言古诗、七言古诗。关于诗的平仄的格式，也曾在前面讲过一种七言绝句的。这里我们要讲到律诗。

律诗是用八句构成的，有七言的五言的两种。七言律诗的平仄格式，完全是七言绝句的重复，前回所讲的七言绝句的平仄排列共有两个格式，任何一种反复重叠起来，就成七言律诗的平仄。

五言律诗的平仄格式，也由五言绝句的平仄格式重复而成。五言绝句的平仄，也有两种排列方式，如下：

〇〇●●　　●●〇〇〇

或〇〇〇●●　　或●●●〇〇

```
●●●○○        ○○●●○
●●○○●        ○○●●●
○○●●○        ●●●○○
```

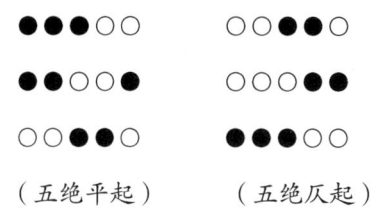

（五绝平起）　　（五绝仄起）

　　五言绝句用四句构成，上面两式中，任何一种重复起来，就成一首五言律诗的平仄格式。但第五句概不用韵。（七律亦同。）

　　律诗和绝句同是近体诗，律诗的限制比绝句更严，除平仄字数的限制外，还有其他的限制须遵守。绝句可押仄声韵，而律诗通常只许押平声韵。不论五言律诗或七言律诗，八句之中第三第四两句和第五第六两句须讲对仗，叫他各自成为对偶。还有，在一首律诗之中，已经在某句里用过的字，他句不准再用。这些格律如果违犯，就认为不合格。

　　律诗之中，除由八句构成的五律七律以外，还有累积至数十韵（两句叫一韵）的，叫作排律，也称长律。

　　旧诗之中近体诗比古诗限制严，最受束缚的要算律诗了。我们现在的新诗，就是从这种束缚解放出来的东西。

第六十三讲
仪式文（一）

在现世生活，常碰到种种的集会。小至朋友间送迎庆吊，大至政治上的一切会议，都用集会的方式来实施。集会必有相当的仪式，在这些仪式之中，就必有讲话的人。例如学校行毕业典礼的时候，必有官长、校长或教职员的训词，来宾的演说，以及学生代表的答词。这些讲话如果记载下来，就是文章。这里叫作仪式文。世间有许多文章，就属于这一类。

仪式文的对象，就是眼前的听者，他的读者是有一定的。就这一点说，仪式文和书信颇有相同之处，书信里的礼仪法则，如称呼敬语之类，都该照样应用。

仪式文可略分为两种，一是以仪式的主持者为立场的，一是以仪式的参与者为立场的，这两种的分别，很是显然，因之写作的态度也有不同。举例来说，在做寿的仪式上，寿翁的"七十自述"属于前者，来宾所送的"寿序"之类，属于后者。在一般集会的仪式上，会长的开会词属于前者，会员或来宾的演说属于后者。

现在先讲第一类的仪式文。这类仪式文的意思或内容差不多是被所行的仪式限定了的，因为作者就是仪式的主持者，对于举行这仪式的必要、理由，以及个人的见解、感想、希望等等早怀抱在胸中，不劳再去临时搜索。把这些怀抱按照自己的地位发挥出来，就成一场讲话，也就是一篇文章了。所以，这类的仪式文，材料内容是现成的，不必外求，问题只在怎样把自己所怀抱的意思得体地充分地表达出来。

仪式文是应用文，凡是应用文，都是应付当前的实际事务的，和实际事务有着密切的关系，措辞要得体，要合乎身份地位，否则就不适当。这类仪式文的好坏的区别，与其说在技巧上，倒不如说在态度上。作者能将自己对于仪式所怀抱的意思按照自己的身份地位合法得体地表达出来，就不失为一场通得过去的讲话，或一篇通得过去的文章。故意播弄技巧，反不是好事。

第六十四讲
仪式文（二）

这里所讲的是第二种的仪式文。

第二种仪式文是以仪式的参与者为立场的。我们在参与仪式的时候，常见到有些人会临时被邀请了上台去讲话，有些人或自动地发表意见，不论是被邀请的或自动的，这种讲话或意见写记下来，就是第二种的仪式文。

这种仪式文比第一种仪式文更需要技巧。第一种仪式文的作者是仪式的主持者，内容意思早有把握，而且可在事前先作预备，甚至于先用文字写记起来也无妨。可是第二种仪式文的作者，却没有这种便利和余裕，他们大都须临时把讲话的内容意思构成起来，在上台去稍后的人，还要避掉他人已在前面所讲过的各种材料，以免人云亦云的缺陷。所以这类仪式文，比第一类仪式文难作得多，全靠作者有本来的素养，和临时的机智。同是一番道理，有素养的人发挥出来便和别人不同；同在一室之中，有机智的会从眼前事物中发见讲话的新鲜材料。有素养有机智的作者，在这种时候，往往能将离本题很远的事物牵引出来，使和当前的情形发生密切的关系，加以说述，叫听众和读者发生新鲜的快感。

这种仪式文，须合乎身份，顾到礼仪，和第一种仪式文没有两样，最要紧的是有新鲜味，切忌内容空虚，泛而不切。这种仪式文一不小心，就会犯肤浅笼统有形式而没有实质的毛病，普通所谓"应酬文字"者，大都就指这种无聊的文章而言。自古以来，不知有过多少篇的"颂辞""寿序""赠序""谏辞"之类的文章，可是有意义的可传的作品却并不多。至于那些坊间流行的"酬世锦囊"之类的书中所载的祭文、祝辞、喜联、挽对等等，更是随处可以适用的浮泛无聊的东西了。

第六十五讲
宣　言

国家或团体对于某一件事情或某一种计划，要发表意志或主张使大众知道，得用文字作宣传工具。这种文章，种类是很多的，如诏谕，如檄文，如标语，如宣言，都是。标语和宣言是这种文章的近代的形式。这里就只说宣言。

宣言和标语都是表达意志、宣示主张的：标语只是揭出一个题目，不详说理由，取其简单明了；宣言就了题目详说理由，目的在叫人了解所发表的意志或主张是合理的，应该的，从此生出一致拥护赞成的精神来。标语好像是热烈的叫唤，宣言是谆谆的说教。例如对于取消不平等条约一件事只提出"取消不平等条约"的几个字来，这是标语。详细把不平等条约的历史、祸害，以及取消的决心和步骤等等说出来的，是宣言。

一个小小的团体，一个平常的个人，偶然也可有发宣言的事情，但一般地所谓宣言，是政治当局者用来发表政治上的意志和主张的东西。它的对象往往就是全体民众，或有关系的他国人民。宣言的目的，在呼唤起民众的对于某事件、某计划的共鸣，起来和当局者站在一条线上，完成当局者所怀抱的意志或主张。写作的时候，最要注意的是意志主张的明白现出，当局者对于自己所怀抱的意志和主张，不但不许有一些含糊，而且还要有热烈的决心，坚定的态度。因为当局者的意志和主张是宣言的内容，当局者的决心和态度，更是感动民众的要素，都非常重要的。

宣言是一种应用文，性质和书信及第一种仪式文有共通的地方，因为都是处置事务而且对人讲话的。不过对象是全体民众，比书信和仪式文更广罢了。作者的身份地位，在措词上一样地该好好注意。

第六十六讲
意的文

我们在前面曾经把文章分为知的文和情的文,说明二者的区别。知和情是心理学上的名词,一般心理学者把心的作用分为知、情、意三个方面,既然有知的文和情的文,当然还可有意的文了。这次就来再说意的文。

意就是意志,是一切欲望发生的根本。我们平常说"我要××""我以为该××"或"我非××不可"的时候,就是我们的意志在发动。意志常以主张的形式而表现,所以凡是有所主张的文章,就是意的文。前面所讲的宣言,就是意的文之一种。

我们平常讲话,对于事物有所说述的时候,必含判断的语气,如说"人是动物"或"地不是平面的"这些判断,有时只是一种说明,有时就成一种主张。"人是动物""地是个会转动的球",这话在现在的学校教师口里是一种说明,可是在从前达尔文、哥白尼口里是一种主张。因为在达尔文以前，人是被认为上帝所造的，在哥白尼以前，地是被认为不动的。他们当时有许多敌论者，他们的判断就是反对当时敌论者的呼叫。一个判断的成说明或成主张，完全以有没有敌论者为条件。判断用主张的态度发挥出来的就成议论。所以一般所谓议论文者也都是意的文。

把心的作用分成知、情、意三个方面，原是为说明上的便利，实际这知、情、意三者都互相关联，并无一定的界限可分。我们对于事物要主张某种判断，是意。但主张不该盲目武断，必得从道理上立脚，有正确的理由，这是知。还有，要主张一件事情，必先须有主张的兴趣和动机，或是为了爱护真理，或是为了对于世间的某种现状有所不满，这是情。意的文不能和知、情完全无关，在心理的根本上已很明白，至于说出来或写出来的时候，为了要使自己的主张受人共鸣，有时须利用知，有时须利用情，也不能不和知、情相关联。这里所谓意的文者，只是由作者意志出发，以发挥作者的意志为主旨的文章而已。

第六十七讲
议论文的主旨

我们以后要讲述关于议论文的种种，这回先讲议论文的主旨。

议论文是把作者所主张的某种判断加以论证，使敌论者信服的文章。议论之所以成立，由于判断的彼此有冲突。如果对于某一判断彼此之间都认为真理，那就并无异议可生，根本无所用其议论了。例如，"人是要死的"这判断在一般人是不会引起议论的，可是在认为灵魂可以永生的宗教家，都要作为大题目来发种种的议论。又如"饮酒有害于健康"，这判断已成为常识上的真理，用不着再有人出来重新主张，可是对于明知故犯的嗜酒者和漠视酒害的世间大众却有再提出来议论的必要。总而言之，议论的发生由于对于某一判断的意见有不一致的地方。这所谓不一致，并不必全部相反，在程度上范围上部分地不相融合也可以。

例如对于"人皆有死"的判断，可以发生"伟人身体虽死精神不死"的议论；对于"饮酒有害"的判断，可以引起"饮酒不过量反而有益"的议论。此外，因了个人立场的不同，对于一个判断，主张上也自然会发生种种的不一致，这样，议论的来路是很多的。

议论文是作者对于敌论者主张作某种判断的东西，所以议论文大概有敌论者，至少应有敌论者在作者的预想之中。这所谓敌论者，有时可以说得出是张三或李四，有时不妨漠然不知道是谁。总之是有敌论者就是了。凡是文章都以读者为对象，都有读者的预想。议论文的读者和别种文章的读者性质颇有不同，议论文的读者一种是敌论者，一种是审判者。我们写作议论文，情形正和上法庭去诉讼，向对方和法官讲话一样。

我们对于事物不妨怀抱和别人不相一致的见解，提出自己的判断来加以主张。但主张必有理由，为使大家信服起见，当然要把主张的理由透彻地反复论证。议论文的主旨就在论证作者的主张。大家都认"武王是圣人"，你如果要主张说"武王非圣人"，不能凭空武断，该提出充分的理由来论证这个和人不同的判断。

第六十八讲
立论和驳论

议论文是作者把自己所主张的判断来加以论证的东西,可分别为两种:一种是作者自己提出一个判断来说述的,一种是对于别人的判断施行驳斥的,前者叫作立论,后者叫作驳论。

前面曾经说过,凡是议论,都有敌论者,至少应该有敌论者在作者预想之中的。立论和驳论都有敌论者,立论的敌论者范围很广泛,并没有特定的对象,驳论的敌论者是有特定的对象的。作者为了对于某人的某一判断觉得不以为然,这才反驳他。所以就大体说,立论是对于一般世间判断的抗议,驳论是对于某一人(或某一团体)的判断的抗议。

驳论是以一定的敌论者为对象的,我们对于敌论者所主张的判断,尽可认定论点,据理力争,却不该感情用事,对敌论者作讥笑谩骂的态度。如前所说,我们发议论的动机,也许出于感情的驱迫，但议论本身彻头彻尾是立脚在理智上的，丝毫不能凭藉个人的感情。尤其是写作驳论的时候该顾到这一层。假定你的敌论者是张三，你在过去为了某种事件曾对他有不快，你对于他的主张写作驳论，只准就他的主张讲话，不该牵涉和本问题无关的旧怨。驳论的读者一种是敌论者，一种是旁观的审判者。就前者说，写驳论等于写书信，书信上的礼仪照样应该适用。就后者说，我们写驳论，希望得到大众的赞同，更应该平心静气地说话，轻薄的讥嘲，毒辣的谩骂，反足使大众发生反感减少同情的。

　　驳论的写作，可以不止一次，为了某人的某一个判断，我不以为然，写了文章来驳诘，这是驳论。某人见了我的驳论，觉得不服，再来驳覆，这也是驳论。这样，为了某一个问题，往往有彼此辩驳至好久的。

　　写驳论的目的，在乎使敌论者折服，放弃他原来的主张转而信从我的主张，至少要获得旁观者的赞许，使敌论者不敢再固执原来的主张。这并不是容易的事，我们在写驳论之前，应就对方的立论好好研究，发见他的弱点和错误所在，加以攻击，一方面须搜集材料和证据，用种种方法来巩固自己的议论的阵线，那情形差不多等于下棋和作战，没有简单的方法可指示的。

第六十九讲
议论文的变装

　　议论文是对于判断的证明。判断用言语表示出来，论理学上叫作命题。命题是有决定意义的一句话，如"甲是乙""甲非乙"等，就是命题的公式。命题依了性质，共分四种，如下：

　　凡甲是乙（全称肯定）　　例——凡人是动物
　　某甲是乙（特称肯定）　　例——某人是学生
　　凡甲非乙（全称否定）　　例——凡人非木石
　　某甲非乙（特称否定）　　例——某人非学生

　　我们以前读过的议论文，如果把其中的主要论点摘举出来，结果只是一个命题。如《非攻》是说"攻战是恶事"，《缺陷论》是说"缺陷是有益的"。所谓议论文，都不过是一个判断——命题的证明。

命题是一个抽象的意念，命题的成立，实有种种具体的事件做着根据。例如"攻战是恶事"的命题，是用从来许多的战祸为依据的，如果你能从各方面把战祸写给人家看，或说给人家听，就是自己不作"攻战是恶事"的主张，也能得到同样的效果。我们读过的《愚公移山》的故事，效果并不觉比什么《努力论》或《大智若愚论》少。历史的记载以及小说戏剧的能使人深省，理由就在这点上。

由此说来，我们要表示主张，可有两种方法：一个是从事件上抽出一个命题来，再加以种种的证明；一个是只把事件写出，故意不下判断，让读者自己去发现作者想提出的命题。前者就是一般的所谓议论文，后者可以说是议论文的变装。

变装的议论文以叙述事件为主要手段，作者有时虽也流露着主张，可是并不像一般议论文的用力，或竟有一些都不把主张宣布。至于所叙述的事件，可以是真正的事实，也可以由作者来凭空虚构，实际上反是虚构的居多。因为真正的事实，牵涉的方面极多，内容往往复杂，非十分凑巧，不能暗示作者的主张，倒不如让作者依据自己的主张虚构事实来得便当随意。因此之故，变装的议论文除历史外常采取小说、寓言等形式而出现。

变装的议论文是一种议论的改扮，不像一般议论文的明显，比较不会引起敌论者的反对。所以越是讲话不能自由的时代，变装的议论文也越多。

第六十九讲 议论文的变装

第七十讲
推理方式（一）——演绎

议论文的主旨在证明作者所主张的判断。我们要下一个判断，须以理由为根据。从理由到达判断，这作用在心理学上叫作推理。议论文，可以说就是推理的记录。

推理的方法和规则，是论理学[1]里所详说的，这里不能一一详细说明，只好说说几个重要的原则。

议论之中，有些是以既知的普遍的判断为基础，再把这判断应用在个别的事物，而造出新判断的，这叫作演绎法。例如说：

  凡人都是要死的。　　（A）凡甲是乙

1　逻辑学。

圣人是人， （B）丙是甲

故圣人是要死的。 （C）故丙是乙

这种推理，由（A）（B）（C）三种命题合成，所以又叫三段论法。（A）命题叫大前提，（B）命题叫小前提，（C）命题叫断案。（C）命题的产生，完全以（A）（B）两个命题为根据，（A）（B）两个命题如果不错，（C）命题也当然可以成立。

演绎法由三段构成，是最基本最完整的形式。实际在谈话或文章上，并没这样完整。往往有颠倒或省略的情形。例如说：

圣人是要死的（断），因为他是人（小）。

凡人是要死的（大），故圣人要死（断）。

也就可以。不过在要检查议论正确与否的时候，最好补足起来排成基本的完整式样。

演绎的论式，因了命题的是全称、特称、肯定和否定，可生出许多式样。有的可靠，有的不可靠，上面所举是最典型的一个论式。大前提全称，小前提肯定，形式上绝对可靠，应用也最广。

演绎法对于事物只论概念，不究实质，所以又名形式论理[1]。有三个基本规律，一叫同一律，就是说"甲是甲，不是乙或丙"，一个名词只许表示一种事物，不许有歧义。二叫矛盾律，就是说"甲不是非甲"或"甲是乙，不是非乙"。一个名词既肯定了判断说"是什么"，同时便不能再否定了判断说"非什么"。三叫排中律，就是只许说"甲是乙"或"甲非乙"，不许说"甲是乙或非乙"。对于一个名词只许判断"是"或"非"，不许再有其他中立的判断。这三种规律之中，同一律是最基本的，矛盾律和排中律可以说是同一律的补充。这规律在演绎推理是很重要的，就同一律说，例如"书"字可解作书籍，也可解作《书经》。甲乙两人就"书"作种种辩论，如果甲和乙对于"书"的解释不同，就任何言语都白费了。

1　形式逻辑。

第七十一讲
推理方式（二）——归纳

演绎法是以既知的普遍的判断当作大前提，再把这判断应用到个别的事物（小前提）而造出新判断（断案）的。这大前提是从哪里来的？如果对于大前提有疑问的时候将怎样？例如"圣人是要死的"的判断，根据就在大前提"凡人是要死的"。对于这大前提如果有疑问，应该再加证明。证明的方法有两种：

（甲） { 凡生物是要死的。
人是生物。
故人是要死的。

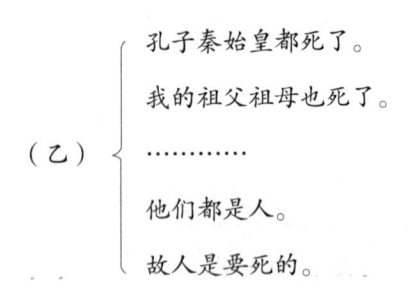

$$（乙）\begin{cases} 孔子秦始皇都死了。\\ 我的祖父祖母也死了。\\ \cdots\cdots\cdots\cdots \\ 他们都是人。\\ 故人是要死的。 \end{cases}$$

（甲）式仍是演绎法，不过所根据的大前提更普遍了。（乙）式是以个别的事物为根据，得到较普遍的判断，这方式和演绎法显然不同，叫作归纳法。

归纳法可以补演绎法的不足，演绎法的大前提，往往须从归纳法产出。例如"人是要死的"的断案虽可用"凡生物是要死的"做大前提来作演绎的判断，但"凡生物是要死的"这断案，如果再要用演绎法求得证明，就很为难了。结果，只好从各种生物来观察，归纳地作出"生物是要死的"的判断来。

但从另一方面看，归纳所得的判断，如要考查它是否正确，也须演绎地来应用于个别的事物。例如我们已经由归纳得到"生物是要死的"的判断了，这判断如果应用于各个生物——鸡、鸭、桃、柳、张三、李四……发现有不会死的情形的时候，那"生物是要死的"判断就根本不能成立了。

归纳法也有许多规律，最重要的是下面两种：

一、部分现象的搜集须普遍而且没有反例。

二、现象和判断之间有明确的因果关系。

这两种规律，如果都能满足，判断自然不易动摇，坚固可靠。其实只要能满足一种，也就可认为正确的判断了。例如：我们在短短的生涯中，所经验的生物的死去虽不多，也并不知道生物和死有什么因果关系，但不妨说"生物是要死的"。只要没有人能举出一种不死的生物来，这判断就不致发生摇动。又如：火和烟是有因果关系的，我们虽不曾经验到一切的火和烟，但却可判断说，"有火的地方有烟"或"有烟的地方有火"。

下判断时，因果关系的存在和发见，比现象搜集更为重要。只要因果关系明确，即使偶有反例，也不失为可靠的议论。例如：我们常说"都市的住民比乡村的住民敏捷"，这判断里显然有着因果的关系，如都市的刺激多，环境复杂，乡间生活清闲平淡等等都是可举的原因。偶然有几个乡村住民比都市住民敏捷的，或偶然有几个都市住民比乡村住民不敏捷的，仍不能推翻原来的判断。因为反例的发生，也许别有原因，可以用别的因果关系来说明的。

第七十二讲
推理方式（三）——辩证

演绎推理只用概念来处理事物，把事物当作独立静止的东西来看，事物本身的变化和相互间的关系是不顾及的。归纳推理所依据的是个别的事例，对于各个事例平等看待，也不能顾到事物本身的变化和事物相互间的变化关系。实际世间的事物是转变流动不息的，事物和事物之间，又互有密切的关系，对于一种事物下判断的时候，如果不把许多的转变流动的实际情形当作条件，那判断就不合实际，等于议论上的游戏。例如我们漫然地说"金钱是有用的"或"金钱是有害的"，都和实际的情形大不相符。实际上"金钱"的"有用"或"有害"，要看金钱的分量，所有者的态度、手腕、使用的方法，以及社会上各种复杂的情形而定，不能一概凭空断言。这样，重视实际条件，不把事物用单纯的概念来处理的推理方式，叫作辩证法。

辩证法也有几个原则，如下：

一是矛盾对立的原则。演绎法立脚于事物的同一，不承认有矛盾。辩证法却以矛盾为出发点。世间事物本来自身含有矛盾，例如：生长和死亡互相对立，生物一天天生长，同时也就一天天近于死亡，生长的意义也要因了死亡才可思维理解。此外如力学上的作用和反作用，数学上的正和负，都是矛盾和对立的好例。

二是量影响到质的原则。一种事物因了量的改变，性质就会变化。例如：把水的温度增至摄氏百度以上就成汽，降至摄氏零度以下就成冰。又如：一张一元纸币在袋中是日常零用，把同样的一元积贮起来到某阶段，就会变成谋利的资本了。

三是否定的否定的原则。世间事物的发展进步，必取否定的否定的顺序。例如：一粒谷子下土到发芽变禾以后，最初的一粒谷子已没有了，这是一个否定。禾到成熟的时候就萎去，所留剩的是一粒粒的新谷，这又是一个否定。否定的否定，是事物发展进步的步骤，社会的变迁的情形也可用这原则来说明。这原则又叫"正反合"，两种互相正反的东西被统一为较高的东西，世间一切进步的根源就在于此。

辩证法的这些原则，只为便于说明起见，并非可作为推理的定律或公式的。因为辩证法的精神，在乎排除静止的孤立的事物观，把事物当作动的连续的进展的东西来看。事物本身的情形是辩证法的，如果抛开了实际事物上的实践，专套用了这些原则去对付事物，结果又会犯堕入空虚的概念的毛病。

附录
本书提到的选文选辑

寄小读者·通讯七
冰 心

亲爱的小朋友：

八月十七的下午，约克逊号邮船无数的窗眼里，飞出五色飘扬的纸带，远远的抛到岸上，任凭送别的人牵住的时候，我的心是如何的飞扬而凄恻！

痴绝的无数的送别者，在最远的江岸仅仅牵着这终于断绝的纸条儿，放这庞然大物，载着最重的离愁，飘然西去！

船上生活是如何的清新而活泼，除了三餐外，只是随意游嬉散步，海上的头三日，我竟完全回到小孩子的境地中去了，套圈子，抛沙袋，乐此不疲，过后又绝然不玩了。后来自己回想很奇怪，无他，海唤起了我童年的回忆。海波声中，童心和游伴都跳跃到我脑中来，我十分的恨这次舟中没有几个小孩子，使我童心来复的三天中，有无猜畅好的游戏！

我自少住在海滨，却没有看见过海平如镜，这次出了吴淞口，一天的航程，一望无际尽是粼粼的微波，凉风习习，舟如在冰上行。到过了高丽界，海水竟似湖光，蓝极绿极，凝成一片。斜阳的金光，长蛇般自天边直接到栏边人立处。上自穹苍，下至船前的水，自浅红至于深翠，幻成几十色，一层层，一片片的漾了开来，……小朋友，恨我不能画，文字竟是世界上最无用的东西，写不出这空灵的妙景！

八月十八夜，正是双星渡河之夕，晚餐后独倚栏旁，凉风吹衣，银河一片星光，照到深黑的海上。远远听得楼栏下人声笑语，忽然感到家乡渐远。繁星闪烁着，海波吟啸着，凝立悄然，只有惆怅。

十九日黄昏，已近神户，两岸青山，不时的有渔舟往来。日本的小山多半是扁圆的，大家说笑，便道是"馒头山"。这馒头沿途点缀，直到夜里，远望灯光灿然，已抵神户，船徐徐停住，便有许多人上岸去。我因太晚，只自己又到最高层上，初次看见这般璀璨的世界，天上微月的光和星光，岸上的灯光，无声相映，不时的还有一串光明从山上横飞过，想是火车周行。……舟中寂然，今夜没有海潮音，静极心绪忽起："倘若此时母亲也在这里……"我极清晰的忆起北京来；小朋友，恕我,不能往下再写了。

　　　　冰心　八,二十,一九二三,神户。

　　朝阳下转过一碧无际的草坡,穿过深林,已觉得湖上风来,湖波不是昨夜欲睡如醉的样子了。——悄然的坐在湖岸上,伸开纸,拿起笔,抬起头来,四围红叶中,四面水声里,我要开始写信给我久违的小朋友。小朋友猜我的心情是怎样的呢?

　　水面闪烁着点点的银光,对岸意大利花园里亭亭层列的松树,都证明我已在万里外。小朋友,到此已逾一月了,便是在日本也未曾寄过一字,说是对不起呢,我又不愿!

　　我平时写作,喜在人静的时候,船上却处处是公共的地方,舱面阑边,人人可以来到。海景极好,心胸却难得清平。我只能在晨间绝早,船面无人时,随意写几个字,堆积至今,总不能整理,也不愿草草整理,便迟延到了今日。我是尊重小朋友的,想小朋友也能尊重原谅我!

　　许多话不知从哪里说起,而一声声打击湖岸微波,一层层的没上杂立的湖石,直到我蔽膝的毡边来,似乎要求我将她介绍给我的小朋友。小朋友,我真不知如何的形容介绍她!她现在横在我的眼前,湖上的明月和落日,湖上的浓阴和微雨,我都见过了,真是仪态万方。小朋友,我的亲爱的人都不在这里,便只有她——海的女儿,能慰安我了。Lake Waban谐音会意,我便唤她做"慰冰"。每日黄昏的游泛,舟轻如羽,水柔如不胜桨。岸上四围的橘叶,绿的,红的,黄的,白的,一丛一丛的倒影到水中来,覆盖了半湖秋水,夕阳下极其艳冶,极其柔媚。将落的金光,到了树梢,散在湖面。我在湖上光雾中,低低的嘱咐她,带我的爱和慰安,一夜和她到远东去。

小朋友!海上半月,湖上也过半月了,若问我爱哪一个更甚,这却难说。——海好像我的母亲,湖是我的朋友,我和海亲近的在童年,和湖亲近是现在。海是深阔无际,不着一字,她的爱是神秘而伟大的,我对她的爱是归心低首的。湖是红叶绿枝,有许多衬托,她的爱是温和妩媚的,我对她的爱是清淡相照的。这也许太抽象,然而我没有别的话来形容了!

小朋友,两月之别,你们自己写了多少,母亲怀中的乐趣,可以说来让我听听么?——这便算是沿途书信的小序,此后仍将那写好的信,按序寄上,日月和地方,都因其旧,"弱游"的我,如何自太平洋东岸的上海到大西洋东岸的波司顿来,这些信中说得很清楚,请在那里看吧!

不知这几百个字,何时方达到你们那里,世界真是太大了!

  冰心 十,十四,一九二三,慰冰湖畔,威尔斯利

三　弦

沈尹默

中午时候,

火一样的太阳,

没法去遮拦,

让他直晒在长街上。

静悄悄少人行路。

只有悠悠风来,

吹动路旁杨树。

谁家破大门里,

半院子绿茸茸细草,

都浮着闪闪的金光。

旁边有一段低低的土墙,

挡住了个弹三弦的人

却不能隔断那三弦鼓荡的声浪。

门外坐着一个穿破衣裳的老年人,

双手抱着头,

他一声不响。

一个小农家的暮

刘半农

她在灶下煮饭,
新砍的山柴,
必必剥剥的响。
灶门里嫣红的火光,
闪着她嫣红的脸,
闪红了她青布的衣裳。

　　*　　*

他含着个十年的烟斗,
慢慢的从田里回来。
屋角里挂上了锄头,
便坐在稻床上,
调弄着只亲人的狗。
他还踱到栏里去,
看一看他的牛,
回头向她说,
　"怎样了——
　我们新酿的酒?"

＊　　＊

门对面青山的顶上，

松树的尖头，

已露出半轮的月亮。

＊　　＊

孩子们在场上，

看着月，

还数着天上的星：

"一，二，三，四——"

"五，八，六，两——"

＊　　＊

他们数，

他们唱：

"地上人多心不平，

天上星多月不亮。"

卢　参

朱自清

卢参在瑞士中部，卢参湖的西北角上。出了车站，一眼就看见那汪汪的湖水和屏风般立着的青山，真有一股爽气扑到人的脸上。与湖连着的是劳斯河，穿过卢参的中间。河上低低的一座古水塔，从前当作灯塔用，这儿称灯塔为"卢采那"，有人猜"卢参"这名字就是由此而出。这座塔低得有意思；依傍着一架曲了又曲的旧木桥，倒配了对儿。这架桥带屋顶，像是廊子；分两截，近塔的一截低而窄，那一截却突然高阔起来，仿佛彼此不相干，可是看来还只有一架桥。不远儿另是一架木桥，叫"龛桥"，因上有神龛得名，曲曲的，也古。许多对柱子支着桥顶，顶底下每一根横梁上两面各钉着一大幅三角形的木板面，总名"死神的跳舞"。每一幅配搭的人物和死神跳舞的姿态都不相同，意在表现社会上各种人的死法。画笔大约并不算顶好，但这样上百幅的死的图画，看了也就够劲儿。过了河往里去，可以看见城墙的遗迹。墙依山而筑，蜿蜒如蛇；现在却只见一段一段的嵌在往屋之间。但九座望楼还好好的，和水塔一样都是多角锥形；多年的风吹日晒雨淋，颜色是黯淡得很了。

　　冰河公园也在山上。古代有一个时期北半球全埋在冰雪里，瑞士自然在内。阿尔卑斯山上积雪老是不化，越堆越多。在底下的渐渐地结成冰，最底下的一层渐渐地滑下来，顺着山势，往谷里流去。这就是冰河。冰河移动的时候，遇着夏季，便大量地融化。这样融化下来的一股大水，力量无穷；石头上一个小缝儿，在一个夏天里，可以让冲成深深的大潭。这个叫磨穴。有时大石块被带进潭里去，出不来，便只在那儿跟着水转。起初有棱角，将潭壁上磨了许多道儿；日子多了，棱角慢慢光了，就成了一个大圆球，还是转着。这个叫磨石。冰河公园便以这类遗迹得名。大大小小的石潭，大大小小的石球，现在是安静了，但那粗糙的样子还能教你想见多少万年前大自然的气力。可是奇怪，这些不言不语的顽石居然背着多少万年的历史，比我们人类还老得多多；要没人卓古证今地说，谁相信？这样讲，古诗人慨叹"磊磊涧中石"，似乎也很有些道理在里头了。这些遗迹本来一半埋在乱石堆里，一半埋在草地里，直到一八七二年秋天才偶然间被发现。还发现了两种化石：一种上是些蚌壳。足见阿尔卑斯脚下这一块土原来是滔滔的大海。另一种上是片棕叶，又足见此地本有热带的大森林。这两期都在冰河期前，日子虽然更杳茫，光景却还能在眼前描画得出，但我们人类与那种大自然一比，却未免太微细了。

立矶山在卢参之西，乘轮船去大约要一点钟。去时是个阴天，雨意很浓。四围陡峭的青山的影子冷冷地沉在水里。湖面儿光光的，像大理石一样。上岸的地方叫威兹老，山脚下一座小小的村落，疏疏散散遮遮掩掩的人家，静透了。上山坐火车，只一辆，走得可真慢，虽不像蜗牛，却像牛之至。一边是山，太近了，不好看。一边是湖，是湖上的山；从上面往下看，山像一片一片儿插着，湖也像只有一薄片儿。有时窗外一座大崖石来了，便什么都不见；有时一片树木来了，只好从枝叶的缝儿里张一下。山上和山下一样，静透了，常常听到牛铃儿叮儿当的。牛带着铃儿，为的是跑到那儿都好找。这些牛真有些"不知汉魏"，有一回居然挡住了火车；开车的还有山上的人帮着，吆喝了半天，才将它们轰走。但是谁也没有着急，只微微一笑就算了。山高五千九百零五英尺，顶上一块不大的平场。据说在那儿可以看见周围九百里的湖山，至少可以看见九个湖和无数的山峰。可是我们的运气坏，上山后云便越浓起来；到了山顶，什么都裹在云里，几乎连我们自己也在内。在不分远近的白茫茫里闷坐了一点钟，下山的车才来了。

五四事件

周予同

……"五四事件"发生于"五四"而不发生于"五三""五五"，这是值得一说的史实。

一九一五年（民四），日本乘欧战方酣，列强无暇东顾的时候，用最后通牒，向我国提出二十一条，要求满蒙山东及其他权利，强迫签字。到了一九一九年（民八），欧战已终，各国派使在巴黎开和平会议。当时日本又有强迫中国代表追认二十一条的行动，外交形势十分严重。那时青年学生们天天受报纸的激刺，非常愤激，颇想有所表示，但苦于没有领导的人物与表示的方式。

四月末旬，上述的秘密团体的学生们已略有活动，打算做一次示威运动。五月三日的晚上，曾开了一次会议，议决用猛烈的方法惩警从前签字二十一条的当事者曹汝霖、陆宗舆、章宗祥。当时有一位同盟会老同志曾秘密的将章宗祥的照片交给他们；——因为曹陆的相片在大栅栏等处的照相馆时常看见；而章则任驻日公使，面貌不甚熟悉。——并且设法去弄手枪，但结果没有成功。他们议决带铁器、小罐火油及火柴等去，预备毁物放火。又恐怕这严重的议决案被同学泄漏，于是将预备在"五七"举行的时期提前到次一天。（五七是日本提出最后通牒的国耻纪念日。）

这消息当时异常秘密，除极少数学生外，大部分同学都是茫然的。第二天（五四）早晨，分头向各校学生会接洽，约期下午一时在天安门集合，表面上只说向政府请愿。

那天下午，北京的大学专门各校学生二三千人整队向天安门出发。那天不是星期日，各校学生因爱国的情感的激动而踊跃参加的，固然居多数，但借此机会往窑子、戏院、公寓一溜的也确不少。

在天安门集合以后，议决向政府请愿，并游行示威。这次运动，有队伍，有指挥，有旗帜，有口号。在匆促的时间内居然有这样的组织，不能不视为群众运动行动上的进步。当时本只有请政府惩办曹陆章的旗帜与口号。在事前，这许多群众是不料要闯进赵家楼曹氏的住宅而去殴打章氏的。向政府请愿后，一部分学生已开始零星散去；但参与前一晚秘密会议的学生们乘群众感情紧张的时候，主张到曹氏住宅前面示威。这一个严重的议案居然第一步得到成功。赵家楼的胡同并不阔大，只容得四人一行；曹氏住宅门口也只有一个警察。当时群众热烈地叫着口号，蜂拥到赵家楼，曹氏仆役见人数过多，立刻关闭大门。于是又有人利用这关门的刺激主张闯进去。曹氏住宅大门的左首有一个仆役卧房的小窗，有某君用拳头打碎玻璃，从小窗中爬进，将大门洞开，于是群众一哄而入。

当日曹章陆三人确在那边会议或谈话，听说事前已有人通知要他们注意预防；但他们或者以为学生的把戏无足重视，所以并没有防备。到了学生大队闯进以后，他们开始逃避，曹陆二人传说由后门溜走，但章氏不知如何竟在住宅附近一个小店内被学生们发现，因被殴辱。当时章氏始终不开口，并且有一位日本人样的遮护着他。学生们对于章氏面貌不熟悉，疑为日人，恐引起交涉，曾自相劝阻，但有人将章氏相片与本人对照，觉得并没错误，于是又加殴击。据说当时屡殴屡止达半小时以上，后恐伤及生命，才始中止。至于那一部分闯进曹宅的，先割断电话；次搜索文件，无所得；于是将房间中的帷帐拉下作为引火物。当时最滑稽的，是某君当感情奋张之余，用拳头打停在天井中的汽车的玻璃，将自己的手弄得流血。在这样纷乱情形的时光，与曹宅比连的某家女眷（事后或说就是曹氏眷属）用好言劝慰学生，说曹氏家属早已避去，你们倘若在此放火，将殃及他们。那时学生们暴动的情绪已渐过去，居然听从，逐渐散走。没有半小时之久，救火车与警察、宪兵已大队赶到，于是开始逮捕，计曹氏住宅内与街道上穿制服的学生被逮的凡数十人。事变以后，一部分学生，更其是法政专门学校学生，颇有怨言，说不应该趁着血气做这不合法的暴动，而不知这本是在预料中的计划呢！……

梧桐

李渔

　　梧桐一树，是草木中一部编年史也；举世习焉不察，予特表而出之。

　　花木种自何年，为寿几何岁，询之主人，主人不知，询之花木，花木不答；谓之忘年交则可，予以知时达务则不可也。梧桐不然，有节可纪；生一年，纪一年。树有树之年，人即纪人之年；树小而人与之小，树大而人随之大。观树即所以观身。《易》曰："观我生进退。"欲观我生，此其资也。

　　予垂髫种此，即于树上刻诗以纪念，每岁一节，即刻一诗，惜为兵燹所坏，不克有终。犹记十五岁刻桐诗云：

　　　　小时种梧桐，桐叶小于艾，
　　　　簪头刻小诗，字瘦皮不坏。
　　　　刹那十五年，桐大字亦大；

桐字已如许，人大复何怪！

还将感叹词，刻向前诗外。

新字日相催，旧字不相待；

顾此新旧痕，而为悠忽戒。

此予婴年著作，因说梧桐，偶尔记及，不则竟忘之矣。即此一事，便受梧桐之益。然则编年之说，岂欺人语乎！

朋　友

巴　金

这一次的旅行使我更明了一个名词的意义，这名词就是朋友。

七八天以前我曾对一个初次见面的朋友说："在朋友们的面前我只感到惭愧。他们待我太好了，我简直没有方法可以报答他们。"这并不是谦逊的客气话，这是真的事实。说过这些话，我第二天就离开了那朋友，并不知道以后还有没有机会和他再见。但是他所给我的那一点温暖至今还使我的心在颤动。

我的生命大概不会是久长的吧。然而在那短促的过去的回顾中却有一盏明灯，照彻了我的灵魂的黑暗，使我的生存有一点光彩，这明灯就是友情。我应该感谢它，因为靠了它我才能够活到现在；而且把家庭所给我的阴影扫除掉的也正是它。

世间有不少的人为了家庭弃绝朋友，至少也会得在家庭和朋友之间划一个界限，把家庭看得比朋友重过许多倍。这似乎是很自然的事情。我也曾亲眼看见，一些人结了婚过后就离开朋友、离开事业，使得一个粗暴的年轻朋友竟然发生一个奇怪的思想，说要杀掉一个友人之妻以警戒其余的女人。当他对我们发表这样的主张时，大家都取笑他。但是我后来知道了一件事实：这朋友因为这个缘故便逃避了两个女性的追逐。

朋友是暂时的，家庭是永久的，在好些人的行动里我发现了这个信条。这个信条在我实在是不能够了解的。对于我，要是没有朋友，我现在会变成什么样的东西，我自己也不知道。也许我也会讨一个老婆，生几个小孩，整日价做着发财的梦……

然而朋友们把我救了。他们给了我家庭所不能够给的东西。他们的友爱，他们的帮助，他们的鼓励，几次把我从深渊的沿边挽救回来。他们对于我常常显露了大量的慷慨。

我的生活曾是悲苦的，黑暗的。然而朋友们把多量的同情、多量的爱、多量的眼泪都分给了我，这些东西都是生存所必需的。这些不要报答的慷慨的施与，使我的生活里也有了温暖，有了幸福。我默默地接受了他们，也并不曾说过一句感激的话。我也没有做过一件报答的行为。但是朋友们却不把自私的形容词加到我的身上。对于我，他们太大量了。

这一次我走了许多新的地方，看见许多的朋友。我的生活是忙碌的：忙着看，忙着听，忙着说，忙着走。但是我不曾感受到一点困难，朋友给我预备好了一切，使我不会缺乏什么。我每走到一个新地方，我就像回到了我的在上海的被日军毁掉了的旧居。而那许多真挚的笑脸却是在上海所不常看见的。

每一个朋友，不管他自己的生活是怎样困苦简单，也要慷慨地分些些东西给我，虽然明明知道，我不能够给他一点报答。有些朋友，甚至他们的名字我以前还不知道，他们却也关心到我的健康，处处打听我的病况，直到他们看见了我的被日光晒黑了的脸和手膀，他们才放心微笑了。这种情形确实值得人流泪呵。

有人相信我不写文章就不能够生活。两个月以前，一个同情我的上海朋友寄稿到《广州民国日报》的副刊，说了许多关于我的生活的话。他也说我一天不写文章第二天就没有饭吃。这是不确实的。这次旅行就给我证明出来，即使我不写一个字，朋友们也不肯让我冻馁。世间还有许多大量的人，他们并不把自己个人和家庭看得异常重要，超过了一切的。靠了他们我才能够生活到现在，而且靠了他们我还要生活下去。

朋友们给我的东西是太多太多了。我将怎样报答他们呢？但是我知道他们是不需要报答的。

我近来在居友的书里读到了这样的话："消费乃是生命的条件……世间有一种不能与生存分开的大量，要是没有了它，我们就会死，就会内部地干枯起来。我们必须开花。道德、无私心就是人生之花。"

在我的眼前开放着这么多的人生的花朵了。我的生命要到什么时候开花？难道我已经是"内部地干枯"了么？

一个朋友说过："我若是灯，我就要用我的光明来照彻黑暗。"

我不配做一盏明灯。那么让我来做一块木柴吧。我愿意把我从太阳里受到的热放散出来，我愿意把自己烧得粉身碎骨来给这人间添一些温暖。

书叶机

龚自珍

鄞人叶机者，可谓异材者也。

嘉庆六年，举行辛酉科乡试。机以廪贡生治试具，凡竹篮、泥炉、油纸之属悉备。忽得巡抚檄曰，贡生某毋与试。机大诧。

初，蔡牵、朱濆两盗为海巨痈，所至劫掠户口以百数，岁必再三至。海滨诸将怵息。俟其去，或扬帆施枪炮空中送之。寇反追，衄不以闻。故为患且十年。巡抚者，仪徵阮公也，素闻机名，知沿海人信官不如信机，又知海寇畏乡勇胜畏官兵，又知乡勇非机不能将。

八月，寇定海，将犯鄞。机得檄，号于众曰："我一贫贡生，吮墨，执三寸管，将试于有司；售则试京师，不售则归耳。

今中丞过听,檄我将乡里与海寇战,毋乃哈乎?虽然,不可已。愿诸君助我!"

众曰:"盍请银于文官?""不可!""盍借炮于武官?""不可!""事亟矣,何以助君?"

叶君乃揎臂大呼,且誓曰:"用官库中一枚钱,借官营中一秤火药而成功者,非男子也!"飞书募健足至行省,假所知豪士万金,假县中豪士万金。遂浓墨署一纸曰:"少年失乡曲欢致冻饿者,有拳力绝人者,渔于海者,父、子、兄、弟有曾戕于寇者,与无此数端而愿从我者,皆画诺!"夜半,赍纸者反,城中、村中画诺者三千人。天明,簿旗帜若干,火器若干,粮若干,机曰:"乌用众,以九舟出,余听命。"

是日也,潮大至,神风发于海上。一枪之发抵巨炮,一橹之势抵艅艎。杀贼四百余人。

九月,又败之于岸。十月,又逐之于海中。明年正月,又逐之于岛。浙半壁平。

出军时,樯中有红心蓝边旗,机之旗也。自署曰"代山",其村名也。朱濆舰中或争轧诅神,必曰"遇代山旗"。

阮公闻于朝,奉旨以知县用。今为江南知县,为龚自珍道其事。

养 蚕

丰子恺

我回忆儿时，有三件不能忘却的事。第一件是养蚕。

那是我五六岁时，我祖母在日的事。我祖母是一个豪爽而善于享乐的人。不但良辰佳节不肯轻轻放过，就是养蚕，也每年大规模地举行。其实，我长大后才晓得，祖母的养蚕并非专为图利；叶贵的年头常要蚀本，然而她欢喜这暮春的点缀。故每年大规模地举行。我所欢喜的，最初是蚕落地铺。那时我们的三开间的厅上，地上统是蚕，架着经纬的跳板，以便通行及饲叶。蒋五伯挑了担到地里去采叶，我与诸姊跟了去，去吃桑葚。蚕落地铺的时候，桑葚已很紫而甜了，比杨梅好吃得多。我们吃饱之后，又用一张大叶做一只碗，采了一碗桑葚，跟了蒋五伯回来。蒋五伯饲蚕，我就以走跳板为戏乐，常常失足翻落地铺里，压死许多蚕宝宝，祖母忙喊蒋五伯抱我起来，不许我再走。然而这满屋的跳板，像棋盘一样，又很低，走起来一点不怕，真是有趣，这真是一年一度的难得的乐事！所以虽然祖母禁止，我总是每天要去走。

蚕上山之后，全家静默守护，那时不许小孩子们噪了，我暂时感到沉闷。然过了几天要采茧，做丝，热闹的空气又浓起来了。我们每年照例请牛桥头七娘娘来做丝。蒋五伯每天买枇杷和软糕来给采茧、做丝、烧火的人吃。大家似乎以为现在是辛苦而有希望的时候，应该享受这点心，都不客气地取食。我也无功受禄地天天吃多量的枇杷与软糕，这又是乐事。

七娘娘做丝休息的时候，捧了水烟筒，伸出她左手上的短少半段的小指给我看，对我说：做丝的时候，丝车的后面是万万不可走近去的，她的小指便是小时候不留心被丝车轴棒轧脱的。她又说："小团团不可走近丝车后面去，只管坐在我的身边，吃枇杷，吃软糕。还有做丝做出来的蚕蛹，叫妈妈油炒一炒，真好吃哩！"然而我始终不吃蚕蛹，大概是我爸爸和诸姊不要吃的原故。我所乐的，只是那时候家里的非常的空气。日常固定不动的堂窗、长台、八仙椅子都并叠起，而变成不常见的丝车、匾、缸，又不断公然地可以吃小食。

丝做好后，蒋五伯口中唱着"要吃枇杷，来年蚕罢"，收拾丝车，恢复一切陈设，我感到一种尽兴的寂寥。然而对于这种变换，倒也觉得新奇而有趣。

现在我回忆这儿时的事，真是常常使我神往！祖母、蒋五伯、七娘娘和诸姊，都像童话里的人物了。且在我看来，他们当时的剧的主人公便是我。何等甜美的回忆！只是这剧的题材，现在我仔细想想觉得不好：养蚕做丝，在生计上原是幸福的，然其本身是数万的生灵的虐杀！所谓饲蚕，是养犯人；所谓缫丝，是施炮烙！原来当时这种欢乐与幸福的背景是生灵的虐杀！早知如此，我决计不要吃他们的桑葚和软糕了。近来读《西青散记》，看到里面有两句仙人的诗句："自织藕丝衫子嫩，可怜辛苦赦春蚕。"安得人间也发明织藕丝的丝车，而尽赦天下的春蚕的性命！

我七岁上祖母死了，我家不复养蚕。不久父亲与诸姊弟相继死亡。家道衰落了，我的幸福的儿时也过去了。因此这件回忆，一面使我永远神往，一面又使我永远忏悔。

五月三十一日急雨中

叶圣陶

从车上跨下，急雨如恶魔的乱箭，立刻打湿了我的长衫。满腔的愤怒，头颅似乎戴着紧紧的铁箍。我走，我奋疾地走。

路人少极了，店铺里仿佛也很少见人影。哪里去了！哪里去了！怕听昨天那样的排枪声，怕吃昨天那样的急射弹，所以如小鼠如蜗牛般蜷伏在家里，躲藏在柜台底下么？这有什么用！你蜷伏，你躲藏，枪声会来找你的耳朵，子弹会来找你的肉体，你看有什么用？

猛兽似的张着巨眼的汽车冲驰而过，泥水溅污我的衣服，也溅及我的项颈，我满腔的愤怒。

一口气赶到"老闸捕房"门前，我想参拜我们的伙伴的血迹，我想用舌头舔尽所有的血迹，咽入肚里。但是，没有了，一点儿没有了！已经给仇人的水龙头冲得光光，已经给烂了心肠的人们踩得光光，更给恶魔的乱箭似的急雨洗得光光！

不要紧，我想。血曾经淌在这块地方，总有渗入这块土里的吧。那就行了。这块土是血的土，血是我们的伙伴的血，还不够是一课严重的功课么？血灌溉着，血滋润着，将会看到血的花开在这里，血的果结在这里。

我注视这块土，全神地注视着，其余什么都不见了，仿佛自己整个儿躯体已经融化在里头。

抬起眼睛，那边站着两个巡捕：手枪在他们的腰间；泛红的脸上的肉，深深的颊纹刻在嘴的周围；黄色的睫毛下闪着绿光。似乎在那里狞笑。

手枪，是你么？似乎在那里狞笑的，是你么？

"是的，是的，就是我，你便怎样！"——我仿佛看见无量数的手枪在点头，仿佛听见无量数的张开的大口在那里狞笑。

我舔着嘴唇咽下去，把看见的听见的一齐咽下去，如同咽一块粗糙的石头，一块烧红的铁。我满腔的愤怒。

雨越来越急，风把我的身体卷住，全身湿透了，伞全然不中用。我回转身走刚才来的路，路上有人了。三四个，六七个，显然可见是青布大褂的队伍，中间也有穿洋服的，也有穿各色衫子的短发的女子。他们有的张着伞，大部分却直任狂雨乱泼。

他们的脸使我感到惊异。我从来没有见到过这么严肃的脸，有如昆仑之耸峙；我从来没有见到过这么郁怒的脸，有如雷电之将作。青年的清秀的颜色退隐了，换上了北地壮士的苍劲。他们的眼睛将要冒出焚烧一切的火焰，咬紧的嘴唇里藏着咬得死敌人的牙齿……

佩弦的诗道："笑将不复在我们唇上！"用来歌咏这许多张脸正适合。他们不复笑，永远不复笑！他们有的是严肃与郁怒，永远是严肃的郁怒的脸。

青布大褂的队伍纷纷投入各家店铺，我也跟着一队跨进一家，记得是布匹庄。我听见他们开口了，差不多掏出整个的心，涌起满腔的血，真挚地热烈地讲着。他们讲到民族的命运，他们讲到群众的力量，他们讲到反抗的必要；他们不惮郑重叮咛的是："咱们一伙儿！"我感动，我心酸，酸得痛快。

店伙的脸比较地严肃了；他们没有话说，暗暗点头。

我跨出布匹庄。"中国人不会齐心呀！如果齐心，吓，怕什么！"听到这句带有尖刺的话，我回头去看。

是一个三十左右的男子，粗布的短衫露着胸，苍暗的肤色标记他是在露天出卖劳力的。他的眼睛里放射出英雄的光。

不错呀，我想。露胸的朋友，你喊出这样简要精炼的话来，你伟大！你刚强！你是具有解放的优先权者！——我虔诚地向他点头。

但是，恍惚有蓝袍玄褂小髭须的影子在我眼前晃过，玩世的微笑，又仿佛鼻子里轻轻的一声"嗤"接着又晃过一个袖手的，漂亮的嘴脸，漂亮的衣着，在那里低吟，依稀是"可怜无补费精神"！袖手的幻化了，抖抖地，显出一个瘠瘦的中年人。如鼠的觳觫的眼睛，如兔的颤动的嘴唇，含在喉际，欲吐又不敢吐的是一声"怕……"

我如受奇耻大辱，看见这种种的魔影，我愤怒地张大眼睛。什么魔影都没有了，只见满街恶魔的乱箭似的急雨。

微笑的魔影，漂亮的魔影，惶恐的魔影，我咒诅你们！你们灭绝！你们消亡！永远不存一丝儿痕迹于这块土上！

有淌在路上的血，有严肃的郁怒的脸，有露胸朋友那样的意思，"咱们一伙儿，"有救，一定有救，——岂但有救而已。

我满腔的愤怒。再有露胸朋友那样的话在路上吧？我向前走去。

依然是满街恶魔的乱箭似的急雨。

先妣事略
归有光

先妣周孺人，弘治元年二月十一日生。年十六来归。逾年，生女淑静；淑静者大姊也。期而生有光。又期而生女子，殇一人，期而不育者一人。又逾年，生有尚，妊十二月。逾年，生淑顺。一岁，又生有功。

有功之生也，孺人比乳他子加健。然数颦蹙顾诸婢曰："吾为多子苦！"老妪以杯水盛二螺进，曰："饮此后妊不数矣。"孺人举之尽，喑不能言。

正德八年五月二十三日，孺人卒。诸儿见家人泣，则随之泣，然犹以为母寝也，伤哉！于是家人延画工画，出二子命之曰：鼻以上画有光，鼻以下画大姊。以二子肖母也。

孺人讳桂。外曾祖讳明；外祖讳行，太学生；母何氏。世居吴家桥，去县城东南三十里；由千墩浦而南，直桥并小港以东，居人环聚，尽周氏也。外祖与其三兄皆以赀雄；敦尚简实；与人姁姁说村中语，见子弟甥侄无不爱。

孺人之吴家桥，则治木棉；入城，则缉纑，灯火荧荧，每至夜分。外祖不二日使人问遗。孺人不忧米盐，乃劳苦若不谋夕。冬月炉火炭屑，使婢子为团，累累暴阶下。室靡弃物，家无闲人。儿女大者攀衣，小者乳抱，手中纫缀不辍。户内洒然。遇僮奴有恩；虽至棰楚，皆不忍有后言。吴家桥岁致鱼蟹饼饵，率人人得食。家中人闻吴家桥人至，皆喜。有光七岁，与从兄有嘉入学；每阴风细雨，从兄辄留；有光意恋恋，不得留也。孺人中夜觉寝，促有光暗诵《孝经》。即熟读，无一字龃龉，乃喜。

孺人卒，母何孺人亦卒，周氏家有羊狗之痾，舅母卒，四姨归顾氏又卒，死三十人而定；惟外祖与二舅存。

孺人死十一年，大姊归王三接，孺人所许聘者也。十二年有光补学官弟子。十六年而有妇，孺人所聘者也。期而抱女。抚爱之，益念孺人，中夜与其妇泣。追惟一二，仿佛如昨，余则茫然矣。世乃有无母之人，天乎痛哉！

闲情记趣

沈　复

余忆童稚时，能张目对日，明察秋毫，见藐小微物，必细察其纹理，故时有物外之趣。夏蚊成雷，私拟作群鹤舞空。心之所向，则成千或百果然鹤也。昂首观之，项为之强。又留蚊于素帐中，徐喷以烟，使其冲烟飞鸣，作青云白鹤观，果如鹤唳云端，怡然称快。于土墙凹凸处，花台小草丛杂处，常蹲其身，使与台齐；定神细视，以丛草为林，以虫蚁为兽，以土砾凸者为丘，凹者为壑，神游其中，怡然自得。

及长，爱花成癖，喜剪盆树。识张兰坡始精剪枝养节之法，继悟接花叠石之法。花以兰为最，取其幽香韵致也，而瓣品之稍堪入谱者不可多得。兰坡临终时，赠余荷瓣素心春兰一盆，皆肩平心阔，茎细瓣净，可以入谱者。余珍如拱璧。值余幕游于外，芸能亲为灌溉，花叶颇茂。不二年，一旦忽萎死。起根视之，皆白如玉，且兰芽勃然，初不可解，以为无福消受，浩叹而已。事后始悉有人欲分不允，故用滚汤灌杀也。从此誓不植兰。次取杜鹃，虽无香而色可久玩，且易剪裁，以芸惜枝怜叶，不忍畅剪，故难成树。其他盆玩皆然。惟每年篱东菊绽，秋兴成癖。喜摘插瓶，不爱盆玩。非盆玩不足观，以家无园圃，不能自植；货于市者，俱丛杂无致，故不取耳。其插花朵，数宜单，不宜双。每瓶取一种不取二色。瓶口取阔大不取窄小，阔大者舒展。不拘自五七花至三四十花，必于瓶口中一丛怒起，以不散漫，不挤轧，不靠瓶口为妙；所谓"起把宜紧"也。或亭亭玉立，或飞舞横斜。花取参差，间以花蕊。以免飞钹耍盘之病。叶取不乱，梗取不强。用针宜藏，针长宁断之，毋令针针露梗；所谓"瓶口宜清"也。视桌之大小，一桌三瓶至七瓶而止，多则眉目不分，即同市井之菊屏矣。几之高低，自三四寸至二尺五六寸而止，必须参差高下互相照应，以气势联络为上。若中高两低，后高前底，成排对列，又犯俗所谓"锦灰堆"矣。或密或疏，或进或出，全在会心者得画意乃可。若盆碗盘洗，用漂青松香榆皮面和油，先熬以稻灰收成胶，以铜片按钉向上，将膏火化黏铜片于盘碗盆洗中。俟冷，将花用铁丝扎把，插于钉上，宜斜偏取势，不可居中，更宜枝疏叶清，不可拥挤；然后加水，用碗沙少许掩铜片，使观者疑丛花生于碗底方妙。若以木本花果插瓶，剪裁之法（不能色色自觅，倩人攀折者每不合意），必先执在手中，横斜以观其势，反侧以取其态。相定之后，剪去杂枝，以疏瘦古怪为佳。再思其梗如何入瓶，或折成曲，插入瓶口，方免背叶侧花之患。若一枝到手，先拘定其梗之直者插瓶中，势必枝乱梗强，花侧叶背，既难取态更无韵致矣。折梗打曲之法，锯其梗之半而嵌以砖石，则直者曲矣。如患梗倒，敲一二钉以管之，即枫叶竹枝，乱草荆棘，均堪入选。或绿竹一竿配以枸杞数粒，几茎细草伴以荆棘两枝，苟位置得宜，另有世外之趣。若新栽花木，不妨歪斜取势，听其叶侧，一年后枝叶自能向上。如树树直栽，即难取势矣。至剪裁盆树，先取根露鸡爪者，左右剪成三节，然后起枝。一枝一节，七枝到顶，或九枝到顶。枝忌对节如肩臂，节忌臃肿如鹤膝。须盘旋出枝，不可光留左右。以避赤胸露背之病。又不可前后直出。有名双起三起者，一根而起两三树也。如根无爪形，便成插树，故不取。然一树剪成，至少得三四十年。余生平仅见我乡万翁名彩章者，一生剪成数树。又在扬州商家见有虞山游客携送黄杨翠柏各一盆，惜乎明珠暗投，余未见其可也。若留枝盘如宝塔，扎枝曲如蚯蚓者，便成匠气矣。点缀盆中花石，小景可以入画，大景可以入神。一瓯清茗，神能趋入其中，方可供幽斋之玩。种水仙无灵璧石，余尝以炭之有石意者代之。黄芽菜心其白如玉，取大小五七枝，用沙土植长方盆内，以炭代石，黑白分明，颇有意思。以此类推，幽趣无穷，难以枚举。如石菖蒲结子，用冷米汤同嚼喷炭上，置阴湿地，能长细菖蒲；随意移养盆碗中，茸茸可爱。以老莲子磨薄两头，入蛋壳使鸡翼之，俟雏成取出，用久年燕巢泥加天门冬十分之二，捣烂拌匀，植于小器中，灌以河水，晒以朝阳；花发大如酒杯，叶缩如碗口，亭亭可爱。

若夫园亭楼阁，套室回廊，叠石成山，栽花取势，又在大中见小，小中见大，虚中有实，实中有虚，或散或露，或浅或深，不仅在周回曲折四字，又不在地广石多徒烦工费。或掘地堆土成山，间以块石，杂以花草，篱用梅编，墙以藤引，则无山而成山矣。大中见小者，散漫处植易长之竹，编易茂之梅以屏之。小中见大者，窄院之墙宜凹凸其形，饰以绿色，引以藤蔓，嵌大石，凿字作碑记形，推窗如临石壁，便觉峻峭无穷。虚中有实者，或山穷水尽处，一折而豁然开朗，或轩阁设厨处，一开而可通别院。实中有虚者，开门于不通之院，映以竹石，如有实无也；设矮栏于墙头，如上有月台，而实虚也。贫士屋少人多，当仿吾乡太平船后梢之位置，再加转移其间。台级为床，前后借凑，可作三榻，间以板而裱以纸，则前后上下皆越绝。譬之如行长路，即不觉其窄矣。余夫妇乔寓扬州时，曾仿此法，屋仅两椽，上下卧房，厨灶客座皆越绝，而绰然有余。芸曾笑曰："位置虽精，终非富贵家气象也。"是诚然欤？

余扫墓山中，捡有峦纹可观之石。归与芸商曰："用油灰叠宣州石于白石盆，取色匀也。本山黄石虽古朴，亦用油灰，则黄白相间，凿痕毕露，将奈何？"芸曰："择石之顽劣者，捣末于灰痕处，乘湿糁之，干或色同也。"乃如其言，用宜兴窑长方盆叠起一峰，偏于左而凸于右，背作横方纹，如云林石法，巉岩凹凸，若临江石矶狀。虚一角，用河泥种千瓣白萍。石上植茑萝，俗呼云松。经营数日乃成。至深秋，茑萝蔓延满山，如藤萝之悬石壁。花开正红色。白萍亦透水大放。红白相间，神游其中，如登蓬岛。置之檐下与芸品题：此处宜设水阁，此处宜立茅亭，此处宜凿六字曰"落花流水之间"，此可以居，此可以钓，此可以眺，胸中邱壑若将移居者然。一夕，猫奴争食自檐而堕，连盆与架顷刻碎之。余叹曰："即此小经营，尚干造物忌耶！"两人不禁泪落。

静室焚香，闲中雅趣。芸尝以沉速等香，于饭镬蒸透，在垆上设一铜丝架，离火半寸许，徐徐烘之；其香幽韵而无烟。佛手忌醉鼻嗅，嗅则易烂。木瓜忌出汗，汗出，用水洗之。惟香圆无忌。佛手木瓜亦有供法，不能笔宣。每有人将供妥者随手取嗅，随手置之，即不知供法者也。

闲居，案头瓶花不绝。芸曰："子之插花能备风晴雨露，可谓精妙入神；而书中有草虫一法，盍仿而效之。"余曰："虫踯躅不受制，焉能仿效？"芸曰："有一法，恐作俑罪过耳。"余曰："试言之。"曰："虫死色不变。觅螳螂蝉蝶之属，以针刺死，用细丝扣虫项系花草间，整其足，或抱梗，或踏叶，宛然如生，不亦善乎？"余喜，如其法行之，见者无不称绝。求之闺中，今恐未必有此会心者矣。

余与芸寄居锡山华氏，时华夫人以两女从芸识字。乡居院旷，夏日逼人。芸教其家作活花屏，法甚妙。每屏一扇，用木梢二枝约长四五寸，作矮条凳式，虚其中，横四挡，宽一尺许，四角凿圆眼，插竹编方眼。屏约高六七尺，用砂盆种扁豆置屏中，盘延屏上，两人可移动。多编数屏，随意遮拦，恍如绿阴满窗，透风蔽日，纡回曲折，随时可更；故曰活花屏。有此一法，即一切藤本香草随地可用。此真乡居之良法也。

友人鲁半舫名璋，字春山，善写松柏或梅菊，工隶书，兼工铁笔。余寄居其家之萧爽楼，一年有半。楼共五椽，东向，余居其三。晦明风雨，可以远眺。庭中榴一株，清香撩人。有廊有厢，地极幽静。移居时，有一仆一妪，并挈其小女来。仆能成衣，妪能纺绩，于是芸绣，妪绩，仆则成衣，以供薪水。余素爱客，小酌必行令。芸善不费之烹庖，瓜蔬鱼虾一经芸手，便有意外味。同人知余贫，每出杖头钱，作竟日叙。余又好洁，地无纤尘，且无拘束，不嫌放纵。时有杨补凡名昌绪，善人物写真；袁少迂名沛，工山水；王星澜名岩，工花卉翎毛；爱萧爽楼幽雅，皆携画具来，余则从之学画，写草篆，镌图章。加以润笔，交芸备茶酒供客。终日品诗论画而已。更有夏淡安揖山两昆季，并缪山音知白两昆季，及蒋韵香、陆橘香、周啸霞、郭小愚、华杏帆、张闲酣诸君子，如梁上之燕，自去自来。芸则拔钗沽酒，不动声色，良辰美景，不放轻过。今则天各一方，风流云散，兼之玉碎香埋，不堪回首矣！

杨补凡为余夫妇写载花小影，神情确肖。是夜月色颇佳，兰影上粉墙，别有幽致。星澜醉后兴发曰："补凡能为君写真，我能为花图影。"余笑曰："花影能如人影否？"星澜取素纸铺于墙，即就兰影，用墨浓淡图之。日间取视，虽不成画，而花叶萧疏，自有月下之趣。芸甚宝之。各有题咏。

苏城有南园北园二处，菜花黄时，苦无酒家小饮，携盒而往，对花冷饮，殊无意味。或议就近觅饮者，或议看花归饮者，终不如对花热饮为快。众议未定。芸笑曰："明日但各出杖头钱，我自担炉火来。"众笑曰："诺。"众去，余问曰："卿果自往乎？"芸曰："非也。妾见市中卖馄饨者，其担锅灶无不备，盍雇之而往。妾先烹调端整，到彼处再一下锅。茶酒两便。"余曰："酒菜固便矣。茶乏烹具。"芸曰："携一砂罐去，以铁叉串罐柄，去其锅，悬于行灶中，加柴火煎茶，不亦便乎？"余鼓掌称善。街头有鲍姓者，卖馄饨为业，以百钱雇其担，约以明日午后。鲍欣然允议。明日看花者至，余告以故，众咸叹服。饭后同往，并带席垫，至南园，择柳阴下团坐。先烹茗，饮毕，然后暖酒烹肴。是时风和日丽，遍地黄金，青衫红袖，越阡度陌，蝶蜂乱飞，令人不饮自醉。既而酒肴俱熟，坐地大嚼。担者颇不俗，拉与同饮。游人见之莫不羡为奇想。杯盘狼藉，各已陶然，或坐或卧，或歌或啸。红日将颓，余思粥，担者即为买米煮之果腹而归。芸问曰："今日之游乐乎？"众曰："非夫人之力不及此。"大笑而散。

贫士起居服食，以及器皿房舍，宜省俭而雅洁。省俭之法，曰"就事论事"。余爱小饮，不喜多菜。芸为置一梅花盒，用二寸白磁深碟六只，中置一只，外置五只，用灰漆就，其形如梅花。底盖均起凹楞，盖之上有柄如花蒂，置之案头，如一朵墨梅覆桌；启盖视之，如菜装于花瓣中。一盒六色，二三知己可以随意取食。食完再添。另做矮边圆盘一只，以便放杯箸酒壶之类，随处可摆，移掇也便。即食物省俭之一端也。余之小帽领袜皆芸自做。衣之破者移东补西，必整必洁，色取暗淡以免垢迹，既可出客，又可家常。此又服饰省俭之一端也。初至萧爽楼中嫌其暗，以白纸糊壁，遂亮。夏月楼下去窗，无阑干，觉空洞无遮拦。芸曰："有旧竹帘在，何不以帘代栏？"余曰："如何？"芸曰："用竹数根黝黑色，一竖一横留出走路。截半帘搭在横竹上，垂至地，高与桌齐。中竖短竹四根，用麻线扎定，然后于横竹搭帘处，寻旧黑布条，连横竹裹缝之。既可遮拦饰观，又不费钱。"此就事论事之一法也。以此推之，古人所谓竹头木屑皆有用，良有以也。

夏月荷花初开时，晚含而晓放。芸用小纱囊撮茶叶少许，置花心。明早取出，烹天泉水泡之，香韵尤绝。

画　家

周作人

可惜我并非画家，
不能将一枝毛笔，
写出许多情景。——
　　两个赤脚的小儿，

立在溪边滩上，
打架完了，
还同筑烂泥的小堰。

　　车外整天的秋雨，
靠窗望见许多圆笠，——
男的女的都在水田里，
赶忙着分种碧绿的稻秧。

　　小胡同口
放着一副菜担，——
满担是青的红的萝卜，
白的菜，紫的茄子；
卖菜的人立着慢慢的叫卖。

　　初寒的早晨，
马路旁边，靠着沟口，
一个黄衣服蓬头的人，
坐着睡觉，——
屈了身子，几乎叠作两折。
看他背后的曲线，
历历的显出生活的困倦。

　　这种种平凡的真实印象，
永久鲜明的留在心上；
可惜我并非画家，

不能用这枝毛笔,

将他明白写出。

新教师的第一堂课

[日本] 田山花袋

夏丏尊译

在将要上课的时间以前,校长把学生召集到第一教室里,立在讲桌旁介绍新教员给学生:

"这回新请了这位×先生到学校里来教你们的课。×先生是××地方人,中学校出身。这个很好的先生,大家要好好地听从了学习啊!"

学生们见先生立在校长旁边微低了头,红着脸,颇有些难以为情的样子。大家只是静听校长的介绍辞。

下一点钟,新先生就在第三教室的教桌前面出现了。教室中很整齐地排坐着十二三岁的高级部学生,正在喊喊喳喳地说着什么,等先生进来,就一起把眼光移到他的身上,寂然无声了。

新先生走到教桌旁,坐下椅子去,脸孔仍是红红的。他带着一册读本,在桌上俯了头只管把书翻来翻去。

讲台下这里那里地发出微细的说话声。

教室门上的玻璃因尘埃已呈灰色,太阳黄黄地射着,喜鹊在门外反复啼叫,笨重的车声轧轧传来。

贴邻的教室里开始传出女教员的细而且尖的声音。

过了一会,新先生似乎已起了决心,把头抬起了。他那头发蓬松,阔额浓眉的脸孔上似乎现出着一种努力。

"从第几课起?"

这声音全教室的学生都听见。

"从第几课起?"他反复着说,"教到什么地方了?"

他这样说时,红色已从脸上褪去了。

回答声这里那里地起来。他依了学生的话把读本的某一页翻开。这时初上讲台的苦痛好像已大部消去。"反正已非教书不可,除了在这上努力以外更无别法,人家怎样说,怎样想,哪里管得许多。"他这样思忖,心里宽松起来了。

"那么,就从此开始吧。"

新先生开始把第六课来读。

学生听到快速而流畅的声音,比起那个前任老年教师的低微得像蜂叫的毫无活气的读音来,差得很远。可是那声音毕竟太快,学生们的耳朵里有许多来不及留住。学生们不看书,只管看着先生。

"怎样?听得懂吗?"

"请读得慢些。"

许多声音从许多地方起来。第二次读的时候,他注意了慢慢地读。

"怎样？这样读可懂得吗？"他露出了笑容，毫不生疏地说。

"先生！这回懂得了。"

"再比这快些也不要紧。"

学生有的这样说，有的那样说。

"从前的先生读几次？两次？三次？"

"两次。"

"读两次。"

这样的回答声纷纷地起来。

"那么已经可以了。"他因学生天真烂漫的光景引起了兴致。"可是，第一次读得太快了，再补读一次吧。请大家好好地听着。"

这次读得更明白，不快也不慢。

他叫会读的学生举手，叫坐在前列的白面可爱的孩子试读。学生有会读的，也有不会读的。他把文章中的难字摘写在黑板上，一步一步地叫学生懂。遇到较难的字，特别圈点，在旁边给加上注音符号。初上讲台的痛苦不知不觉消除得如拭去一样，"只要干，就干得来"，他心中涌起了这样的快感。

时间已到，钟声响了。

词四首

李 煜

虞美人

春花秋月何时了？往事知多少！小楼昨夜又东风；故国不堪回首月明中！　雕阑玉砌应犹在，只是朱颜改。问君能有几多愁？恰似一江春水向东流。

浪淘沙

帘外雨潺潺，春意阑珊，罗衾不耐五更寒。梦里不知身是客，一晌贪欢。

独自莫凭阑，无限江山，别时容易见时难。流水落花春去也，天上人间。

清平乐

别来春半，触目愁肠断。砌下落梅如雪乱，拂了一身还满。雁来音信无凭，路遥归梦难成。离恨恰如春草，更行更远还生。

相见欢

无言独上西楼，月如钩，寂寞梧桐深院锁清秋。　剪不断，理还乱，是离愁，别是一般滋味在心头。

丛书集成凡例

一、本书集古今丛书之大成，故定名为丛书集成。

二、我国丛书号称数千部；惟个人诗文集居其半，而内容割裂琐碎，实际不合丛书体例者，又居其余之半。其名实相符者，不过数百部。兹就此数百部中，选其最有价值者百部为初编。

三、初编丛书百部之选择标准，以实用与罕见为主；前者为适应需要，后者为流传孤本。

四、所选丛书，至清刊为止，民国新刊从阙。

五、所选丛书百部，内容约六千种，二万七千余卷。其一书分见数丛书者，则汰其重复，实存约四千一百种，约二万卷。

六、一书分见丛书中，详略不一者，取最足之本；其同属足本，无校注者取最前出之本，有校注者取最后出之本。名同而实异者两存之。

七、各书一律断句，以便读者。

八、排印方式以经济实用为主要条件，仿《万有文库》之式，以五号字为主，其有不宜排印者则改为影印。

九、各书篇幅多寡悬殊，本丛书排印时，就可能范围以一书自成一册为原则。其篇幅过巨者，分装各册从厚，以期一书所占册数不致过多。其篇幅过小者，装册从薄，以期一册所容种数不致过多。

十、各书顺序，按中外图书统一分类法，可与《万有文库》合并陈列。

十一、本书另编左列[1]各种目录，以便检查：

1. 按中外图书统一分类法排列者；
2. 按书名首字及以下各字顺序排列者；
3. 按各书编撰者姓名各字顺序排列者。

十二、原刻丛书百部计八千余册，占地甚多，取携检阅，均感不便；今整理排印为袖珍本，计四千册，占地不及原刻本八分之一，且有整齐划一之观。

图 画
蔡元培

吾人视觉之所得，皆面也；赖肤觉之助，而后见为体。建筑、雕刻，体面互见之美术也。其有舍体而取面，而于面之中仍含有体之感觉者，为图画。

体之感觉何自起？曰起于远近之比例、明暗之掩映。西人更

---

[1] 原为直排本，故称"左列"。意为"下列"。

益以绘影、写光之法，而景状益近于自然。

图画之内容：曰人，曰动物，曰植物，曰宫室，曰山水，曰宗教，曰历史，曰风俗。既视建筑、雕刻为繁复，而又含有音乐及诗歌之意味，故感人尤深。

图画之设色者用水彩，中外所同也；而西人更有油画，始于"文艺中兴"时代之意大利，迄今盛行，其不设色者，曰水墨，以墨笔为浓淡之烘染者也；曰白描，以细笔钩勒形廓者也。不设色之画，其感人也，纯以形式及笔势；设色之画，其感人也，于形式、笔势以外，兼用激刺。

中国画家自临摹旧作入手；西洋画家自描写实物入手。故中国之画，自肖像而外，多以意构；虽名山水之图，亦多以记忆所得者为之。西人之画，则人物必有概范，山水必有实景；虽理想派之作，亦先有所本，乃增损而润色之。

中国之画，与书法为缘，而多含文学之趣味；西人之画，与建筑、雕刻为缘，而佐以科学之观察、哲学之思想。故中国之画以气韵胜，善画者多工书而能诗；西人之画以技能及义蕴胜，善画者或兼建筑、图画二术，而图画之发达常与科学及哲学相随焉。中国之图画术，托始于虞、夏，备于唐而极盛于宋；其后为之者较少，而名家亦复辈出。西洋之图画术，托始于希腊，发展于十四、十五世纪，极盛于十六世纪。近三世纪，则学校大备，画人伙颐；而标新领异之才亦时出于其间焉。

关于《国文百八课》

夏丏尊　叶圣陶

这是一部侧重文章形式的书，所选取的文章虽也顾到内容的纯正和性质的变化，但文章的处置全从形式上着眼。

依我们的信念，国文科和别的学科性质不同，除了文法、修辞等部分以外，是拿不出独立固定的材料来的。凡是在白纸上写着黑字的东西，当作文章来阅读、来玩索的时候，什么都是国文科的工作，否则不是。一篇《项羽本纪》是历史科的材料，要当作文章去求理解，去学习章句间的法则的时候，才算是国文科的工作。所以在国文科里读《项羽本纪》，所当着眼的不应只是故事的开端、发展和结局，应是生字难句的理解和文章方法的摄取。读英文的人，如果读了《龟兔竞走》，只记得兔怎样自负，龟怎样努力，结果兔怎样失败，龟怎样胜利等等的故事的内容，而不记得那课文章里的生字、难句，以及向来所未碰到过的文章上的某种方式,那么他等于在听人讲龟兔竞走的故事,并不在学习英文。故事是听不完的,学习英文才是目的,不论国文、英文,凡是学习语言文字如不着眼于形式方面,只在内容上去寻求,结果是劳力多而收获少。竟有许多青年在学校里学过好几年国文,而文章还写不通的。其原因也许就在学习未得要领。他们每日在教室里对着书或油印的文选,听老师讲故事,故事是记得了,而对于那表现故事的方法仍旧茫然,难怪他们表现能力缺乏了。

因此,我们主张把学习国文的目标侧重在形式的讨究,同时主张把材料的范围放宽,洋洋洒洒的富有情趣的材料固然选取,零星的便笺、一条一条的章则、朴实干燥的科学的记述等也选取。

本书在编辑上自信是极认真的,仅仅每课文话话题的写定,就费去了不少的时间。本书预定一百零八课,每课各说述文章上的一个项目。哪些项目需要,哪些项目可略,颇费推敲。至于前后的排列,也大费过心思。

文话的话题决定以后,次之是选文了。文章是多方面的东西,一篇文章可从种种视角来看,也可应用在种种的目标上。例如朱自清的《背影》可以作"随笔"的例,可以作"抒情"的例,可以作"叙述"的例,也可以作"第一人称的立脚点"的例,此外如果和别篇比较对照起来,还可定出各种各样的目标来处置这篇文章。(如和文言文对照起来,就成语体文的例等等。）我们预定的文话项目有一百零八个，就代表着文章知识的一百零八个方面。选文每课两篇，共计二百一十六篇。要把每一篇选文用各种各样的视角去看，使排列成一个系统，既要适合又要有变化，这是一件难得讨好的事，我们在这点上颇费了不少的苦心。

最感麻烦的是文法、修辞的例句的搜集。关于文法和修辞的每一法则，如果凭空造例，或随举前人的文句为例，是很容易的，可是要在限定的几篇选文中去找寻，却比较费事了。我们为了找寻例句，记忆翻检，费尽工夫，非不得已，不自己造句或随取前人文句。

选古今现成的文章作教材，这虽已成习惯，其实并不一定是好方法，尤其是对于初中程度的学生。现代的青年有现代青年的生活，古人所写的文章内容形式固然不合现代青年的需要，就是现代作家所写的文章，写作时也并非以给青年读为目的，何尝能合乎一般青年的需要呢？最理想的方法是依照青年的需要，从青年生活上取题材，分门别类地写出许多文章来，代替选文。

我们多年以来，也曾抱有这种理想。这次编辑本书，一时曾思把这理想实现，终于因为下面所说的两个原因中止了。第一，叫青年只读我们一二人的写作，究竟嫌太单调。第二，学习国文的目的，一部分在练习写作，一部分在养成阅读各种文字的能力。一个青年将来必将和各种各样的文字接触，如果只顾到目前情形的适合，对于他们的将来也许是不利的。犹之口味，他们目前虽只配吃甜，将来难免要碰到酸的、苦的、辣的东西。预先把甜、酸、苦、辣都叫他们尝尝，也是合乎教育的意义的事。

说虽如此，我们总觉得现成的文章不适合于青年学生。现在已是飞机炸弹的时代了，从《三国志演义》里选出单刀匹马的战争故事叫青年来读，固然不对劲；青年是活泼的，叫他们读现代中年人或老年人所写的感伤的文字，也同样不合理。

初中国文科的讲读材料是值得研究的大问题。本书虽因上面所举的两个原因，仍依向来旧习惯，选用古今现成的文章，但自己并不满意。

前面讲过，本书是侧重文章形式的，从形式上着眼去处置现成的文章，也许可将内容不适合的毛病减却许多。时下颇有好几种国文课本是以内容分类的。把内容相类似的古今现成文章几篇合成一组，题材关于家庭的合在一处，题材关于爱国的合在一处。这种办法，一方面侵犯了公民科的范围，一方面失去了国文科的立场，我们未敢赞同。

本书每课附有修辞法或文法。修辞法和文法在中国还是新成立的。

修辞法在中国自古就有不少零碎的宝贵遗产，近来有人依靠外国的著作，重新作系统的演述，其中最完整的有陈望道先生的《修辞学发凡》。这是近年来的好书。有了这部书，修辞法上的问题差不多都已头头是道地解决了。我们依据的就是这部书。

至于文法，名著《马氏文通》只是关于文言的，本身也尚有许多可议的地方。白话文法虽也有几个人写过，差不多都是外国文法的改装，不能用来说明中国语言的一切构造。文法一科，可以说尚是有待开垦的荒地，尤其是关于白话方面的。朋友之中，颇有从各部分研究，发见某一类词的某一法则，或某一类句式的构造的新说明的。我们也曾努力于此，偶然有所发见。这些发见都是部分的，离开系统地建设尚远。

本书介绍文法，大体仍沿用马氏及时下文法书的系统，对于部分如有较好的新说者，在不破坏现在的系统条件之下，尽量改用新说（如第一册关于叙述句和说明句的讨论，关于句的成分的排列法的讨论等）。在此青黄不接的时代，我们觉得除此更无妥当的方法了。

本书问世以来，颇得好评。至于缺点，当然难免，我们自己发觉的缺点有一端就是太严整、太系统化了些。本书所采的是直进的编制法，步骤的完密是其长处，平板是其毛病。例如把文章分成记述、叙述、说明、议论四种体裁，按次排列。在有些重视变化兴味的人看来，会觉得平板吧。

但本书是彻头彻尾采取"文章学"的系统的，不愿为了变化兴味自乱其步骤。为补救平板计，也曾于可能的范围内力求变化。例如第三册里所列的大半虽为说明文的材料，但着眼的方面却各自不同。

我们以为杂乱地把文章选给学生读，不论目的何在，是从来

关于《国文百八课》

国文科教学的大毛病。文章是读不完的，与其漫然地瞎读，究不如定了目标来读。本书每课有一目标。为求目标与目标间的系统完整，有时把变化兴味牺牲亦所不惜。所望使用者一方面认识本书的长处，一方面在可能的时候设法弥补本书的短处。（如临时提供别的新材料等。）

拉杂写了许多话，一部分是我们对于中学国文科教学的私见，想提出来和教学者商量的；一部分是本书编辑上的甘苦之谈。无论做什么事，做的人自己最明白，所谓"冷暖自知"之境者就是。编书的人把关于编书的情形以及书的长处短处，供状似地告诉给读者听，应该是有意义的事，尤其是有多数人使用的教本之类的书。